传统体育文化与产业发展研究

谢用民 郑 萍 著

中国财富出版社有限公司

图书在版编目(CIP)数据

传统体育文化与产业发展研究／谢用民，郑萍著. — 北京：中国财富出版社有限公司，2020.7

ISBN 978-7-5047-7176-6

Ⅰ. ①传… Ⅱ. ①谢… ②郑… Ⅲ. ①民族形式体育－体育文化－研究－中国②民族形式体育－体育产业－产业发展－研究－中国 Ⅳ. ①G852.9②G812

中国版本图书馆 CIP 数据核字(2020)第 108652 号

策划编辑	谷秀莉	**责任编辑**	田 超 马欣岳		**版权编辑**	李 洋
责任印制	梁 凡	**责任校对**	卓闪闪		**责任发行**	于 宁

出版发行	中国财富出版社有限公司	
社　　址	北京市丰台区南四环西路 188 号 5 区 20 楼	**邮政编码** 100070
电　　话	010-52227588 转 2098（发行部）	010-52227588 转 321（总编室）
	010-52227566(24 小时读者服务)	010-52227588 转 305（质检部）
网　　址	http://www.cfpress.com.cn	**排　版** 中图时代
经　　销	新华书店	**印　刷** 三河市嵩川印刷有限公司
书　　号	ISBN 978-7-5047-7176-6/G·0822	
开　　本	710 mm×1000 mm　1/16	**版　次** 2025 年 1 月第 1 版
印　　张	7.75	**印　次** 2025 年 1 月第 1 次印刷
字　　数	126 千字	**定　价** 48.00 元

目　录

第一章　传统体育概述

第一节　传统体育的起源

一、生产劳动

生产劳动是促进原始体育活动萌生的重要因素之一。山西阳高许家窑文化遗址中，考古工作者挖掘出了古人类化石及数以万计的石器，在这些石器中有1500多枚大小不一的石球。据专家们考证，这些石球是当时许家窑人狩猎所用的投掷工具。伴随弓箭等先进狩猎工具的发明，人们的狩猎水平极大提高，诸如石球等笨重的工具很少再使用。在这种情况下，石球的功能便开始向娱乐性转化。

在古代，弓箭是一种重要的狩猎工具。弓箭的出现，大大提高了狩猎效率。直至后来，人们学会了种植庄稼和饲养牲畜，狩猎不再是人们寻求食物的最主要方式，射箭就开始成为人们展示技艺的方式。这时，射箭活动开始带有体育的性质。

二、种族繁衍

种族繁衍是人类传承的大事。在古代，为了与外氏族婚配，一些居住分散而又处于相对闭塞环境的少数民族，往往会举行男女集体交往与求爱的节日活动。另外，在择偶方面，少数民族对男子的身体状况与劳动能力非常注重，往往会通过体育竞技来让青年男子充分展示自身的智慧和力量，这是少数传统体育起源与发展的重要驱动力。

三、宗教祭祀

在原始社会，由于科学欠发达，人们对自然现象存在恐惧和不理解，懵懂地认为万物是有灵的。正是在这种情况下，原始宗教得以产生，例如图腾崇拜、自然崇拜和祖先崇拜等，以及在此基础上产生的原始巫术活动。在这些原始宗教中，图腾崇拜和原始巫术对传统体育产生了极为深远的影响。

在原始宗教信仰出现之后，崇拜祭祀仪式开始逐渐渗透人们社会生活的各个方面，在生产劳动与日常生活中都要举行一定的祭祀仪式。当遇到重大的祭日时，往往会举行非常盛大的祭祀仪式，在祭祀仪式中，舞蹈贯穿始终，从而促进了原始舞蹈中处于萌芽状态的传统体育的发展。

四、军事战争

进入氏族公社时期之后，各大势力内部或外部为了争夺生存空间等，不断进行军事战争，这些原始的战争也影响了传统体育的发展。

历史上有很多有关传统体育萌芽的记载。例如，《管子·地数》记载："葛卢之山发而出水，金从之。蚩尤受而制之，以为剑、铠、矛、戟，是岁相兼者诸侯九。"又如《述异记》记载："轩辕之初立也，有蚩尤氏兄弟七十二人……与轩辕斗，以角觚人，人不能向。今冀州有乐名'蚩尤戏'，其民两两三三，头戴牛角而相觚。"从这些传说中大致可知，角觚，即后来的摔跤、角力、相扑等运动。虽然这些记载不一定是真实的历史，但蚩尤部落改进了原始兵器则是可能的。原始兵器往往是在模仿兽角、鸟嘴的形状的基础上制造的，伴随战争的频繁爆发和规模的扩大，又出现了石弹、石刀、石斧和石铲等专门武器，以及石头或骨制的标枪头和矢镞等武器。

从很大程度上来说，战争的出现促进了武器和战斗技能的发展，同时让人们更加重视对战斗人员的身体训练和军事技能训练。例如，南朝梁人宗懔《荆楚岁时记》引刘向《别录》中的记载："寒食蹴鞠，黄帝所造，以练武士，本兵势也。"由此可知，蹴鞠就是为了训练将士而被创造出来的一项运动。

五、经济活动

在传统体育的萌生过程中，经济活动也起到了非常重要的作用。在自然经济时代，由于多方面的原因，散居在山区各村寨的少数民族一般只有在节庆里才会有相聚的活动。许多传统的节庆集信仰、娱乐、社交、经济等多种功能于一体，这些节庆是商人进行交易的大好时期。有些体育活动及其节庆本身就是商人们出于商业活动的需要而创造出来的。例如，侗族的"抢花炮"，被称为"东方的橄榄球"，是流行于湘、黔、桂的独具特色的传统文化体育活动。在节庆期间，村民卖掉自己的土特产，同时买回日常生活用品，因此，花炮节促进了人们的经济活动。

六、教育传承

教育是将自身生活经验传承给后代人的一种主要方式。原始教育最初与生产过程是一体的，也就是在生产劳动过程中进行的简单生产技能的传授。

最早的文字、信仰、风俗习惯等都是在氏族公社时期出现的，教育内容也逐渐变得复杂。关于氏族公社时期的教育，毛礼锐在《中国古代教育史》中提到：氏族公社成员除了在生产实践中受教育，又在政治、宗教和艺术活动中受教育。他们参加选择领袖、讨论公共事务及宗教等社会活动，利用游戏、竞技、唱歌、舞蹈、记事符号进行教育。在这个时候，教育是在劳动之外进行的，开始用模拟化的劳动动作代替直接传授劳动技能的活动，并且融入了大量的出人设计的各种动作和活动形式。由此可以推断出原始教育中包含着大量的体育内容，并且这些体育内容带有明显的地域特征。因此，在各个民族的原始教育中，便包含对各自独特的传统体育内容的学习和利用。

七、健身娱乐

对于人们来说，从事传统体育活动最基本和最直接的价值追求就是健身娱乐，在这种目的驱使下，各族人民创造出了多种多样有益于健康的传统体育活动。相较于从生产劳动、宗教祭祀、军事战争中衍生出的传统体育模式，健身娱乐更多的是源于人们的创造。

古代民间的娱乐活动多种多样，广大民众通过自己的智慧创造出了各种戏曲、舞蹈、杂技及丰富多彩的传统体育活动，以此来丰富生活，增进身心健康。例如，宋代民众十分喜爱踢毽子，在当时的临安城就有专门制作毽子的手艺人。明代《帝京景物略·卷二·春场》中有这样的记载："杨柳儿活，抽陀螺。杨柳儿青，放空钟。杨柳儿死，踢毽子。杨柳发芽儿，打柭儿。"由此可知，当时的民间娱乐健身活动种类是十分丰富的。这是人们根据自身的娱乐目的，借助一些外部自然条件和其他生产劳动成果或经验而创造出来的。

在体育游戏中，很多儿童游戏得以产生的原因都是健身娱乐需要。相较于成年人，儿童在好奇心、游戏欲和创造力方面要强一些，他们往往能够创造出一些形式活泼、内容新颖的体育游戏。例如，备受儿童喜爱的"老鹰捉小鸡"的游戏，在"老鹰"和"小鸡"激烈的较量中，儿童获得了娱乐身心的效果。又如山东民间的"马虎叼羊"、广西仫佬族的"凤凰护蛋"等儿童游戏，也都是一种对现实生活的联想和创造。总而言之，这些儿童游戏往往是为了满足儿童娱乐玩耍的需求而创造出来的，都具有很好的健身效果。

可以说，人们创造娱乐活动的最终目的就是满足对娱乐活动的需求。值得强调的是，只有身体活动特色鲜明、身体活动能力影响游戏成效的活动，才被称为体育游戏。

第二节　传统体育的界定、内容与分类

一、我国传统体育的界定

不同的研究者对传统体育的概念有着不同的理解，因而对传统体育的概念并没有一个统一的认识。1989 年由人民体育出版社出版的《体育史》一书，把传统体育界定为近代以前的体育竞技娱乐活动。《民族体育》认为民族体育是具有

民族特色的体育活动。《体育人类学》认为传统体育是某一个或某几个特定民族在一定范围内开展的、还没有被现代化，至今还有影响的体育竞技娱乐活动。也有学者把传统体育界定为在中华大地上产生并流传至今的，以及在古代由外族传入并生根发展且有中华民族传统特色的体育活动。还有一些学者将少数传统体育简称为传统体育或民族体育。

综合以上观点，传统体育是在中华民族不同历史时期、不同地域产生、开展的具有浓厚民族传统特色的各种体育活动的总称。

二、我国传统体育的内容

（一）武术

武术是一项注重内外兼修的中国传统体育项目，其主要内容为攻防技击，以套路演练和搏斗对抗为运动形式。不管是对抗性的搏斗运动，还是势势相承的套路运动，都是以中国传统的技击方法为核心的。武术是传统武术与传统文化相结合的产物，伴随传统武术的产生和发展，其文化属性在社会中有着诸多价值角色。武术的体育属性非常明确，其主要涵盖了古代哲学、兵学、养生学、中医学、美学、气功等学科领域的理论成果，并与整体观、阴阳变化观、形神论、气论、动静说等相结合，注重内外兼修，被誉为"博大精深"的文化体系。传统武术发展成现代体育项目，其健身价值就显得更为突出了。即便是一些由二人直接进行身体对抗的项目，如太极推手、散手等，也能使练习者在规则的限制下通过掌握一些身体运动技能和方法来达到强身健体的目的。

（二）导引术

导引是以肢体活动为主并配合呼吸吐纳的一种运动方式。古代的康复体育运动即为导引，"导"指宣导气血，"引"的本义是开弓，引申为伸展肢体之义。导引术最为显著的特点就是意、气、形三者合一，其既是一种我国传统的养生术，也是一种体疗方法。导引术在秦汉时期取得了很大的发展，在《淮南子》一书中就已经有关于利用模仿动物进行养生练习的记载，其中包括"鸟伸""熊经""虎顾""猿蠼""凫浴""鸱视"等，也就是所谓的"六禽戏"。1973年，湖南长沙马王堆3号西汉墓中出土了一幅《导引图》，这是迄今发现最早的、最完整的古代导引图解。在这幅图中有大量模仿动物形态的仿生类导引，从这点可以看出，我国古代体育具有仿生性。经过几千年的发展，导引术逐渐发展成为一个博大精深、特点鲜明的体育养生和医疗体系。

到秦汉以后，在先秦阴阳五行哲学思想和精、气、神等原理的影响与推动下，行气术已开始形成系统的体系。行气，又称为吐纳、炼气、服气、胎息等，这是一种在意念指导下的呼吸锻炼方式。

很多养生学家对我国古代养生功法进行深入研究和整理。除了导引术、行气术，按摩术也逐渐成了养生活动中的一项重要内容。从形式上来看，太极拳属于武术的拳术，其具有技击的特色。但太极拳又兼有导引、行气和按摩术的特点，与武术的技击完美结合在一起，充分体现了我国古代养生体育的特色和发展方向。

（三）民间体育游戏

民间体育游戏是传统体育重要组成部分，其在民间被广泛流传和开展。但是，伴随着社会的发展，很多具有民族特色的体育游戏已逐渐被遗忘，有的甚至已经消失。在游艺民俗中，游戏是最常见、最有趣的娱乐活动，其在儿童和成人娱乐节目中都很流行，有些体育游戏经过发展逐渐形成了竞技项目或杂技艺术。自古以来，我国各民族各地区的民间体育游戏种类和样式繁多，许多民间体育游戏在性质、方式及游戏者的范围等诸方面存在着某些相同或者相似之处。在这些民间体育游戏中，比较典型的有儿童游戏、季节游戏、歌舞观赏游戏、智能游戏、斗赛游戏等。

除了民间体育游戏，民间体育竞技活动也是一种重要的传统体育活动，并且这两者之间有着非常密切的联系。在许多民间体育游戏中都存在不同程度的竞技特征，同样，在许多民间体育竞技活动项目中也存在不同程度的游戏特征。例如，我国古代的传统民间竞技活动踢毽子，在北魏时期就已出现。宋代高承的《事物纪原》指出了当时毽子的形式，也说明踢毽子与蹴鞠活动的渊源。宋人周秘的《武林旧事》一书记载了 4 种踢毽子的基本技巧：两脚向内侧交替的踢法为"盘"；屈膝弹毽的为"磕"；用脚外侧反踢的为"拐"；用脚尖正踢的为"蹦"。此外，踢毽子还常有花样技巧比赛，常用肩、背、腹、胸、头等身体各部位与两脚配合，做出各种姿势，使毽子经久不落地，缠身绕腿，翻转自如。这种民间体育竞技活动带有明显的游戏性质。再如跳皮筋游戏，"小皮球，香蕉梨，马兰开花二十一……"这首古老的跳皮筋童谣伴随一代又一代人的成长。这本是一种边跳边伴唱的游戏活动，其自娱的特点非常明显，虽然其后来逐渐发展成一种竞技活动，但仍然具有游戏的特性。在竞赛中玩耍正是我国民间体育竞技游戏活动最为显著的特征。

相较于集玩耍与竞赛于一体的传统民间体育竞技活动，近现代形成的体育竞技活动则是较为严肃、认真的比赛。从我国古代盛行的竞技活动蹴鞠与现代的足球比赛来看，两者一脉相承，但比赛氛围却截然不同。蹴鞠比赛过程中，玩耍自娱的随意性特点非常明显，但在现代足球比赛中却根本看不到这种随意性。

如今，伴随经济、文化的全球化，在不同层面上衍生出一定的制度文化与精神文化。虽然以竞技体育为主流的正规体育仍然制约着传统体育游戏的发展，但在世界上一些地方传统体育和新生的民间游戏已经开始对竞技体育提出了挑战。因此，在全球化的冲击下，各民族都要从自身的需要出发，在适应全球化文化发展的基础上，力图使自身民族文化适应新时代发展的需要。

三、我国传统体育的分类

从总体格局上来看，传统体育项目呈现出多元性特征，在地域分布上则呈现出广阔性特点，在社会发展方面则具有不平衡性，因此，对传统体育项目的分类比较复杂。我们可以按照性质、民族、形式与特点、地域分布等将传统体育归纳成不同的类别。

（一）按传统体育的性质进行分类

1. 竞技类

竞技类是指按竞赛规则规定的比赛场地、器械及其他特定条件进行的体力、技战术及智力等方面的竞赛。其中，珍珠球、龙舟、蹴球、毽球、木球、押加、秋千、花炮、陀螺、民族武术、民族马术、射弩、民族式摔跤、高脚竞速等项目被列为全国少数民族传统体育运动会的正式比赛项目，这其中包括单人项目和集体项目，又可分为体能、竞速、命中、制胜、技艺等多种类型。

2. 娱乐类

娱乐类传统体育项目趣味性很强，其主要目的是休闲娱乐。这类项目大致包括棋艺、踢打、投掷、托举、舞蹈等，其中，棋艺主要指各民族棋类项目，以启迪智力为主，如象棋、围棋、藏棋等；踢打有踢毽子、打飞棒、踢沙包等；投掷有抛绣球、投火把、丢花包、抛沙袋等；托举通常以托举器物或负重为主，如举皮袋、抱石头等；舞蹈有接龙舞、耍火龙、打棍、跳桌等。

3. 健身养生类

健身养生类项目的主要目的是健身、养生。其项目形式有很多种，如导引术、太极拳、气功等。这类项目的动作通常比较简单、轻缓，强度较小，长期坚持可起到强身健体的作用。

（二）按不同的民族所开展的项目进行分类

在我国的 56 个民族中，每一个民族的传统体育活动都有着自己的民族特色，都深刻地反映着本民族的文化。在我国的传统体育项目中，有的项目是某个民族独有的，有的项目则可以在多个民族中开展，众多民族在相当大的范围内所开展的项目很难完全趋同。因此，根据不同民族所开展的项目进行分类，有利于了解不同民族所开展的各类体育项目，并明确区分其各自的特点。

（三）按运动项目的形式与特点进行分类

根据运动项目的形式和特点，可将传统体育项目大致分为跑跳投类项目、球类项目、骑术项目、水上项目、武艺项目、射击项目、舞蹈项目及游戏项目等。其中，跑跳投类项目主要包括跳板、跑火把、跳马、投沙袋、雪地走、丢花包、掷石等；球类项目有木球、珍珠球、蹴球、毽球、叉草球等；骑术项目有赛马、姑娘追、叼羊、赛牦牛等；水上项目主要包括龙舟竞渡、赛皮筏、划竹排等；武艺项目主要包括打棍、摔跤、斗力、顶杠、各族武术等；射击项目主要包括射弩、射箭、步射等；舞蹈项目主要包括跳竹竿、踢毽子、跳皮筋、跳花鼓、跳房子、跳火绳、东巴跳等；游戏项目主要包括秋千、跳绳、斗鸡、打手毽等。

（四）按地域进行分类

我国幅员辽阔，不同的地域自然地理环境、社会历史文化、经济类型、生产和生活方式、风俗习惯等都存在一定差异，这些差异的存在，使区域的民族体育具有各自不同的特色。为了从整体上把握传统体育概貌及地域性特征，可以根据我国地域分布情况将我国分为东北地区、西北地区、中原地区、长江中下游地区、东南沿海地区、西南地区，这样可以方便地对各区域民族进行传统体育项目分类。

在以上所讲的 4 种分类方法中，每一种方法都有自己的特点和局限性。在具体的实践过程中，可根据研究的目的和任务，选用不同的分类方法，以使我们更全面和深刻地对传统体育进行认识，并正确把握传统体育发展规律。

第三节　传统体育的特点和价值

一、传统体育的特点

我国传统体育经过几千年的发展形成了自己鲜明的特点，主要表现在以下几个方面。

（一）民族性

在地域、环境、人文、历史等因素的影响下，各民族文化都形成了自己鲜明的特点并表现出明显的差异。这些差异体现出不同文化特点对物质、精神、生活和社会关系等各个层次的不同影响，也造就了不同的民族，这就是我们所说的民族性。我国传统体育强调人与自然的和谐统一，追求内外合一、形神合一和身心全面发展，各类项目以静为主，动静结合，注重修身养性。其中，武术和舞龙、舞狮等最具有代表性。武术强调"内外兼修，形神兼备"的民族风格，追求形体和精神的同步发展；其他如风筝、龙舟、秋千、舞龙、舞狮等，都具有浓郁的民族文化特色。此外，服饰、活动仪式、风俗、历史传承等，也能够充分体现传统体育的民族性特点。

（二）地域性

我国各民族生活在不同的地理环境中，在生产生活方式、文化背景等方面都存在非常大的地域差异，也正是因为这些差异的存在，使各民族造就了各具地域特色的传统体育运动项目。例如，"北人善骑，南人善舟"就充分反映了不同的地理环境对我国各民族生产方式和传统体育的影响。再如，"草原骄子"的蒙古族，精骑善射，过着随草迁移的游牧生活，形成了以骑射为特点的赛马、赛骆驼等传统体育项目；居住在青藏高原的藏族及西南地区的其他民族，擅长攀登、爬山、骑马、射箭等传统体育项目。在南方，气候温和，江河较多，赛龙舟活动长久不衰。这些都体现了我国传统体育的地域性特点。

（三）交融性

经过长期的发展，我国传统体育逐渐形成了一个交融性较强的独特系统。传统体育在不同文化模式与类型的相互碰撞和交流过程中得到了发展，并得到了进一步融合。

通常而言，一些传统体育项目的产生都需要经历一个融合与交流的过程。例如，冰上足球的发明。在清代乾隆年间，满族人就把足球与滑冰结合起来，发明了一种称为"冰上蹴鞠"的冰上足球项目，并以此来训练禁卫军。此外，还有其他一些人们较为熟悉的项目也是通过不同的交流与融合发展而来的，例如，骑射是射箭与马术的结合，马球是球技与马术的结合等。

另外，传统体育的交融性特点还体现为传统体育文化与艺术的相互融合。我国少数民族能歌善舞、能骑善射，产生了技击性和艺术性相统一的传统体育项目，既强身健体又愉悦身心，达到健、力、美的和谐统一。例如，黎族的跳竹竿就融合了音乐元素和舞蹈技巧。正是这些体育文化与艺术的融合，使传统体育具有丰富多彩的内涵。

（四）多样性

在我国 56 个民族中，每一个民族都有自己的传统体育项目。这些传统体育项目，有的与种族繁衍有关，例如，哈萨克族的姑娘追、羌族的推杆、朝鲜族的跳板等，有的是从生产、生活等活动中发展而来的，例如，赫哲族的叉草球、草原的赛马和骑射及江南水乡的竞渡等，有的项目是宗教习俗的一部分，还有一些项目直接由军事技能转化而来，例如，各个民族的武术等。正是这些不同的来源，构成了多姿多彩的传统体育项目，体现了我国传统体育的多样性特点。

在传统体育项目中，多样性特点也比较明显，例如，舞龙、舞狮、武术、毽球、抢花炮、珍珠球、蹴球、龙舟竞渡、扭秧歌、木球、射弩、斗牛、拔河、风筝、马术、高脚竞速、荡秋千、姑娘追、打陀螺、押加、赛马等，这些活动都有自己的技术特征，从而形成了各具特色、风格迥异的运动项目。

二、传统体育的价值

（一）强身健体

强身健体是传统体育所具有的显著功能与锻炼价值。另外，很多传统体育项目是在民间游戏的基础上发展而来的，因此，其除了具有强身健体的功能，还具有较强的娱乐价值。在参加传统体育活动的过程中，通过全身各肢体的运动可以提高身体各器官的能力，还可以有效地愉悦身心，减轻压力，最终达到强身健体的目的。

（二）修身养性

传统体育除了有利于人们强身健体，还能够有效促进心性发展。例如，"导引养生术""五禽戏""六字诀""太极拳""八段锦"等是人们修身养性的好方法和具有实效性的健身运动。

（三）文化教育

在文化教育方面，传统体育也具有极高的价值。传统体育是一种综合性的民族文化，其对人们的价值观、道德观、伦理观念、审美及行为模式等方面都有着极为深远的影响。从整个社会的发展史来看，无论是哪个时代，都对传统体育的教育功能比较重视。在古代的学校教育中，与传统体育有关的内容主要是祭祀与军事。在中华人民共和国成立后，学校对传统体育的教育功能有了进一步的重视，从而使传统体育在学校获得较快的发展。随着我国教育事业的快速发展，人们对传统体育在教学过程中的重要性也有了更为深刻的认识，人们对传统体育教育功能与价值的研究也越来越深入。

（四）促进社会稳定

在促进社会稳定方面，传统体育也具有极高的价值，这一价值在现代社会得到了很好的体现。伴随科技的发展，人们的社会压力越来越大，很多人为了缓解压力，养成了诸多恶习，如酗酒、赌博等，这些都严重地影响了社会的治安稳定。因此，大力开展传统体育，让人们参与进来，不但可以让人们养成健身的习惯，舒缓生活压力，也能有效地避免人们养成不良的生活习惯，进而有效地引导良好的社会风气，保证社会稳定发展。

（五）凝聚各民族精神

我国的传统体育项目中，很多项目与传统节日或者历史人物有关，举行这些传统体育活动，能极大地增强人们团结合作的精神，这表现出传统体育强大的凝聚民族精神的功能和价值。例如，"赛龙舟"比赛，其源于对龙图腾的崇拜，后来又增加了纪念屈原等内容，从而将龙舟比赛与屈原身上的中华传统伦理道德和价值观凝聚起来，并代代相传，使后世子孙对这些民族精神产生认可，进而产生强烈的民族自豪感和自信心，也从一个侧面增强了人们的民族向心力、凝聚力和号召力。

第四节　传统体育的文化内涵

一、物质文化内涵

(一) 传统体育项目本身

随着传统体育的不断发展，许多专家和学者越来越致力于中华传统体育的研究和论证，他们最终得出结论：传统体育产生于人们的需要。例如，有学者指出，由于各民族所处的山川地理环境不同，从而形成了各民族的不同风俗习惯，产生了风格、形式各异的传统体育活动。传统体育是在民族中形成和产生的。有学者认为，传统体育的起源有四点：第一，人与自然搏斗中产生的体育项目；第二，人与人搏斗中产生的体育项目；第三，宗教祭祀活动中产生的体育项目；第四，娱乐活动中产生的体育项目。

由于各传统体育都源于生产劳动，因而在人类的需要方面具有相似性，但是，又由于其是在不同的地域环境中形成的，因而又存在一定的地域性。

(二) 运动器材、器械设备方面

在运动器材、器械设备方面，有的传统体育项目有较多需求，有的基本没有需求。例如，刀、枪、弓、箭等是较为常见的器材、器械，这些器材、器械集聚了历代人的智慧，经过历朝历代的改进逐渐成熟起来。对这些运动器材、器械进行研究，能够更好地反映中华民族传统体育的文化内涵。

(三) 传统体育的文献典籍

各种文献典籍是当前认识和了解传统体育的主要方式，不同时期的文献记载，都反映出当时传统体育发展的概况。

有关传统体育运动项目的记载在每个历史时期都有。其中，最早的是记载乐舞和射、御考核内容的《周礼》。发展到近代，记载传统体育运动项目的文献资料数量越来越多，形式也多种多样，如图谱、秘籍，及各种史料和地方志等。

（四）出土文物、壁画及民族服饰

在现今出土的各种陶瓷和壁画中有大量关于各民族早期传统体育项目的记载。由此可知，出土文物、壁画是人们早期活动的一个佐证，具有较高的研究、参考价值。在这些出土的文物中，在西安半坡村北"半坡遗址"发现的"石球"较具有代表性，这表明在母系氏族社会时期就已经出现了"石球游戏"，这也充分说明蹴鞠活动起源于原始社会后期。此外，我国的传统节日较多，每逢盛大的节日，人们都要盛装出席，因此，民族服饰也与传统体育有着紧密的联系，成为体育文化重要的一部分。

二、精神文化内涵

（一）追求人与自然的和谐和统一

在自然经济和传统观念的影响下，我国传统体育从整体上较为客观地描述了人体运动过程中的形态、机能、意念、精神，及这些状态与外部世界的联系。以太极拳为例，"以心会意，以意调气，以气促形，以形合神"是对这项体育运动项目的形象描述。这项体育运动项目以"心灵交通，契合体道"为最高境界。

传统体育有着非常丰富的锻炼内容和方式，其中以基本功练习与完整练习相结合的方法最为常用，这也在一定程度上反映了中华民族追求平衡和顺其自然的主体化思维方式。但是，我国对传统体育促进健康方面的研究还有待进一步深入。

（二）具有守内、尚礼、恋土的民族情结

对于传统体育的守内、尚礼、恋土情结，可以从以下几个方面进行认识与了解。

（1）在体育原理方面，主要表现在中华民族追求平衡和顺应自然的主体化思维方式上。

（2）在技术特点方面，主要是将中华民族以智斗勇、追求技巧的审美心理反映出来。

（3）在竞赛规则方面，我国的传统体育具有表演性的特点，并没有对动作和比赛规则进行具体的限制，在竞赛中体现的是礼让为先、点到为止，这充分体现了中华民族守内、尚礼的情结。

（三）讲求伦理教化，等级思想严重，崇文而尚柔

在儒家文化思想的影响下，我国传统体育具有在目的、作用上的伦理教化价值趋向，尊卑有别的等级观念，以及崇文尚柔的运动形态等特征。

我国传统体育在"寡欲不争""中庸""以柔克刚""贵和"等思想观念的影响下，也表现出了相应的特征，例如，力量、刚强、竞争不足，而舒缓、柔弱、平和有余。

（四）倡导阴柔与静态之美

在我国古代，以孔孟为代表的儒家文化给人们宣导一种"乐而不淫""哀而不伤""心宁、志逸、气平、体安"的思想，并且在做人上还要多"隐"，即隐藏自己的情感使之不外露。太极这种静极之物是在儒家文化的影响下形成的。太极在理论上和文化上都追求静和自然，总的来说，这种静态变化的追求主要体现在追求内在美高于外在美、追求静态美高于动态美、追求封闭的系统胜于开放的系统3个方面。

我国传统体育有着丰富多彩的项目，如温文尔雅的太极拳等。以太极拳为例，其以阴柔、轻缓的动作与内在的气势吸引了大量的国内外人士，具有深厚的群众基础。太极拳要求"形不破体，力不尖出""有退有进，站中求圆"，在技术动作方面，则要求趋向于"拧、曲、圆"的内聚形态，在切磋、交手的过程中，则要求做到"声东击西，避实就虚，守中有攻，就势借力"。太极拳的这些要求充分体现了中华民族以智斗勇、追求技巧的审美心理。

三、制度文化内涵

我国传统体育在体制方面都有相通的地方，主要表现在重文轻武、受传统教育的束缚两个方面。

（一）重文轻武

在儒家思想的影响下，重文轻武一定程度上阻碍了我国传统体育的发展。此外，教育的非理性特点也在一定程度上阻碍了我国传统体育的发展。

（二）受传统教育的束缚

儒家的"礼乐观"和重伦理教化的价值取向都对我国传统体育产生了重要影响。前者造成了"重功利，轻嬉戏"的社会思想倾向。从儒家学者的观点来看，体育是成德成圣的手段，不能任其发展，应该加以制约。射礼就是一个典型的代表，射礼要求射者"内志正，外体直，然后持弓矢牢固，然后可以言中"。后来，这种思想发展到了被统治者不能随意进行体育活动。至此，体育运动有了等级性的特点。总而言之，在封建社会思想观念和统治阶级的影响下，我国传统体育被戴上了"等级"的帽子，无法正常发展。由此可知，封建社会的束缚及封建思想的禁锢也制约了我国古代传统体育的发展。

第二章 文化研究视野中的体育文化

第一节 体育文化的界定、结构与功能

一、体育文化的界定

体育文化至今没有一个明确、统一的概念。体育文化是人类文化的有机组成部分，是关于人类体育运动的物质、制度、精神、行为文化的总和，是社会文化的亚文化。体育文化包括了人们的体育认知、体育情感、体育价值、体育道德、体育制度、体育文化产业、体育物质条件等，其核心包含体育观念、意识、思想、价值等精神文化。从文化学和社会学的角度看，体育文化建设比单纯地开展体育运动更为重要和迫切，更能促进人的全面、自由、和谐发展并有利于实现个体人格与社会人格的和谐统一。

也就是说，体育文化是以强身健体、愉悦身心、振奋精神、寻求积极生活方式等为主旨的体育运动及其所创造的物质与精神财富的总和，尤其是对人的思想意识、价值取向的影响。

二、体育文化的结构

体育文化的结构是体育文化系统在发展过程中保持整体性并具有巨大功能的内在根据，它同时也决定着体育文化的特征。

体育文化并非许多东西的简单堆积，而是一个有系统、有组织的复合体。其各个组成部分互相影响、密切联系，形成一个耗散结构和开放的系统。它由四个层面构成。

第一层是体育物质层，是体育文化的基础，是满足体育文化的主体，是进行体育实践活动的重要保障，主要包括体育设施、器材、体育雕塑、体育服装和各种体育形态等。

第二层是体育制度层，指对大学体育起规范作用的各种学校体育法规和条例，国家和学校制定有关大学体育发展的相关规章制度，及各项体育运动的裁判规则等，它们对在一定范围内的体育行为具有一定的强制性。此外，还包括体育部门、体育协会、运动队、体育俱乐部等各种体育组织的规章制度。体育文化的制度层是关键，对其他三层起纽带作用，它是体育文化系统中最具有权威的因素，并规定着体育文化整体的性质。

第三层是体育行为层，指体育文化主体在体育实践活动中以约定俗成的方式构成的体育行为规范、体育行为表现方式和内容，主要以体育习惯来体现。

第四层是体育精神层，起主导作用，主要包括体育思维方式、体育审美情趣和体育价值观念。其中，体育价值观念是体育文化的核心，它决定着体育文化的发展目标。一般来说，体育文化主体的体育行为除了受来自外界的种种有形的、物质的、他律的、带有强制性的制约，还受来自种种无形的、非物质的、自律的和不带任何强制的现象和观念的影响。

在体育文化结构中，体育精神文化蕴含着文化主体的认知成分、情感成分、价值成分、理想成分，其中体育精神又是体育文化活动中最活跃的因素，决定着体育文化的行为表现效果，决定着体育文化传统的形成和文化走向，体现着文化主体的主观愿望和文化品位。

三、体育文化的功能

体育文化是一个大系统，包括众多的子系统，其中的每个文化因子都具有特殊的功能。常见功能如下。

（一）健身功能

体育文化健身功能主要表现在提升了人类健康水平。体育的本质就是人的自然化。自然属性是认识体育与人之间关系的基点，特别是随着现代科技日新月异，体育在保持和发展人的自然属性、避免自身"异化"的加重等方面扮演着重要的角色，也正是在这一点上才体现出源于身体运动的体育文化所特有的存在价值。可以说，现代生活方式给人类带来众多便捷与舒适的同时，也给人类的生命健康带来了隐患。提升健康水平的办法有很多，包括饮食、医疗、环境等方面的，而适宜的体育运动是积极、有效的方法之一。体育文化有着深厚的生理学基础，对人类呼吸系统和心血管系统机能与形态的改善、对身体免疫能力的增强、对健美形体的塑造均具有良好的促进作用。因此，通过体育运动来调节精神，增强体质，丰富社会生活，已经不仅是个体的需要，也是整个社会的需要，也是保证人体健康和人类正常生命活动的需要。

（二）教育功能

人在成长的过程中，教师教其各项运动，还有观看表演比赛、投身竞技、娱乐等，这一切正是体育文化起到的作用。体育文化自始至终潜移默化地培养着人的体质和性格，促使人们形成健康的现代生活方式和良好的心理素质。这些体育与生俱来的特点，使它成为现代人能够不断完善自我的手段和方法。

现代体育文化的教育性已不仅是促进生长发育、增强体质、掌握运动技能，而且需要培养终身从事体育的兴趣和习惯，改善生活方式、提高生活质量，以适应现代社会的需要。通过体育比赛，能培养人们的顽强意志、竞争创新意识和团队精神，能极大提高人们的责任心、使命感和爱国情，并能产生巨大的吸引力、感召力和凝聚力。

（三）凝聚功能

体育文化的凝聚作用巨大。一方面，不同国家、不同民族、不同文化修养和不同政见者可能会因同一场体育活动而聚到一起。体育文化这种超越思维方式、思想观点、价值理念的凝聚功能是其他具体文化难以具备的。另一方面，体育文化作为民族团结旗帜的历史现象屡见不鲜，从反抗侵略的奥运抵制，到显示富强的竞技争光，再到我国申奥时的团结一致，体育文化的凝聚作用显而易见。现今从企业到国家都非常重视体育文化所蕴含的凝聚功能，体育文化作为一种团队文化，在凝聚人心、抵消矛盾冲突方面具有独特作用，人们在参与、观看体育比赛时，内心潜在的集体荣誉感、团队归属感得到很好的显现，从而使具有同一地缘、血缘、族缘的人们凝聚在一起。

（四）休闲娱乐功能

体育作为人类积极维护健康的手段，是人类文化的积淀和理想的追求，是人类身体和精神的乐园。体育是一种活动性的身体文化，给人带来欢乐，放松身心，陶冶情操。随着物质生活条件的改善和工作时间的缩短，节假日的增多，人们积极参与休闲娱乐活动，获得生理上的快感和心理上的愉悦。体育与休闲娱乐相结合，融游戏性、艺术性和娱乐性为一体，显示出它休闲娱乐功能，才能成为健康生活的重要内容。

（五）心理调节功能

体育运动不是简单的强体操练，不是纯生物的身体改造过程。德国教育家指出：在体育运动中，我们仍发现和感觉到某种伟大的东西弥漫于这个事业。体育运动不仅是游戏，也同样是心灵的创造，是一种升华，是一种精神上的恢复。体育文化对人类健康心理的塑造具有积极作用。在参与体育运动过程中，个体的不良情绪得到有效的宣泄，生活中、工作中产生的各种对身心有害的情绪，在个体参与激烈竞争的比赛中、在旋律优美的健身舞蹈中、在轻松愉快的闲暇漫步中都消失殆尽，取而代之的是身心的放松，是积极奋进的力量，是坚强有力的意志品质。体育运动包罗万象，有各种各样富有特色的运动形式，因此，对人们心理的触动是不同的，产生的情绪、情感体验也是有差异的。西方竞技性的运动项目使人产生了不断超越、不断奋进、积极进取、勇于探索与拼搏的竞争性心理，也使得个体在强烈身心体验的同时排解了负面情绪，奥林匹克"更高、更快、更强"的运动格言形象地阐释了西方体育文化对个体心理的影响。东方体育文化则更多反映出追求修身养性、自然和谐的倾向。在参与某些活动中，通过呼吸的调解，个体进入冥想、忘我的自然境界，追求的是身体在自然状态下的超越，对于缓解紧张、焦虑等不良情绪具有积极的功效。

第二节　体育文化与人的社会化

一、体育文化与人的社会化的内涵解读

社会化不仅对个人的生存、发展至关重要，而且对社会的有效运转起到关键性的作用。事实上，没有社会化就没有社会，通过社会化，社会文化才得以积累和传承，社会结构才得以维持和发展。作为社会成员必须具备相应的条件，而要达到这些条件，必然要经过一定社会化过程才能实现。通过社会的教育，逐渐学会社会知识、技能与规范，最终形成自觉遵守、维护社会秩序及价值观念与行为方式的社会人。而体育活动特别是竞技体育能促使人拥有对社会环境的良好适应能力，对提高人的社会健康水平，成为社会人具有非常重要的意义。这是由体育活动的社会特征所决定的。在竞技体育活动中形成交往合作，竞争遵守规则的意识和行为迁移到日常社会生活、学习、工作，从而发现许多人并不是自觉地以个体的社会化为目的去从事体育运动，却在这个过程中实现了自己的社会化。在现代社会中，竞技体育对人的社会化功能越来越重要，它向人们提供社会规范教育的场所和实践社会规范的机会，引导人们融进社会的价值观念体系。

体育对人的行为、态度和观念具有综合影响的功能，这种综合影响的功能最终表现为人的社会化。当人在体育活动中接受到来自外界的刺激后，首先对刺激进行分析，然后又通过必要的思考进行选择，最后才表现为作出反应的行为过程。可是对外界刺激的反应必须受到社会行为规范影响和制约，这种受到社会行为规范肯定或否定的经验就会成为人自身的一种观念。当下一次相同的刺激出现时，人们就会根据自己的观念表现出对刺激的不同反应。于是，理所当然地产生了人的社会行动和信念的规范化，这就是人在体育活动中的社会化过程。

二、体育在人的社会化过程的作用

随着人类社会的快速发展，高等教育的改革与大学生的社会化越来越紧密。

这是因为大学生在学校期间成长过程和社会化程度的高低将直接影响着他们能否被社会所接受。高校体育文化作为高校校园文化的重要组成部分和体育文化的亚文化，是深受大学生喜爱的校园群体文化，已经成为大学生社会化的重要影响源。因此，高校体育文化对促进大学生社会化起到了积极的作用。

（一）促进人的心理发展

1. 促进情感的发展

体育运动是一种极富感情色彩的活动，它对人的健康情感的培养有重要的作用。体育运动的团队性，不仅要求参加者要充分发挥个人的才能，也需要参加者之间协调配合，通力合作。因此，要求参加者在体育运动中必须正确处理好个人与个人之间、个人与团体之间的关系，一切行为都要符合集体的利益。这有益于培养个人的团队意识和集体主义精神，形成良好的道德情感。在体育运动中，由于各种多变的情况，导致人的思想和情绪也随之不断变化，这就要求参与者善于控制自己的情绪，以社会的道德规范和行为准则约束自己的行为，对提高在复杂情况下保持情绪的稳定性有积极的意义，有利于人与人之间的沟通和情感交流，加强了人际间的亲和力。

体育运动以其独特的形式影响着人们的情感。竞技体育是一个国家综合实力与民族精神的集中展示，这种展示又是在激烈较量中实现的。正是这种参与感和认同感，奠定了观众对比赛胜负所持的情感判断基础，使他们在观看比赛的过程中，情不自禁地与自己国家的队伍融为一体。

2. 提高抗挫折能力

体育运动是身体与智慧的结合。运动员为了完成一个技术动作，需要成百上千次的反复练习，在这一过程中必然会受到多方面的挫折，只有坚持才能在挫折中寻找到前进的道路，尝到成功的喜悦。体育运动具有竞争性，在相争过程中必定有胜利者和失败者，竞赛过程受多种因素的制约和影响，竞赛结果具有不确定性，任何人、任何队都难以保持永远不败。面对体育运动中不可避免的失败和挫折，在客观上要求参加者都要有一颗平常心，正确对待失败和挫折，不能被一时的失败打倒，应及时总结经验教训，从失败中找出取胜的对策，重新参与竞争，争取胜利。只有不畏艰险，登上成功的顶峰，才能真正体验到成功的乐趣。

3. 促进大学生个性社会化

高校体育文化为大学生个性发展提供了广阔的舞台。在高校体育文化的学习与实践过程中，大学生在身体和心理会获得应有的感受与体验，其感受与体验直接作用于大学生个性社会化。从体育运动本身来看，体育运动需要有体力、智力、情感的参与，使每一位锻炼者在锻炼过程中有许多机会展示自己个性中的优势部分，找到自己的弱势部分，并决定采用何种方式取长补短。如必须在困难面前进行自我约束、动员、暗示、命令，及时克服一个又一个困难与障碍，在这一过程中，大学生的主体能力得到释放和提高。从体育教学来讲，大学生们不仅可以广泛地参加交往活动，还可以从体育运动中体验到成功的喜悦，满足自我实现的需要，从而证明自己的能力，增强其自信与自尊，使个性得到充分的发展；大学生们还可以在一个宽阔的领域里尽情游戏、运动、竞赛，表现出创造性、应变性和组织才能，尽其所能，扬其所长，斗智斗勇，他们的个性可以充分地展现出来，也可以在活动中得到充分发展。

4. 培养健全人格

各项体育活动都需要较高的自我控制能力，坚定的信心，勇敢果断和坚韧刚毅的意志、性格等品质作为基础。因此，有针对性地进行体育活动，是弥补心理缺陷、培养健全人格的有效方法。坚持参加足球、篮球、排球等集体项目的锻炼，能帮助人慢慢地改变孤僻的性格，逐步适应与同伴的交往，克服自己不合群、不习惯与同伴交往，孤独、怪僻的心理缺陷；经常参加游泳、滑雪、拳击、摔跤、体操等项目的锻炼，可以培养人勇敢、不怕困难的精神；乒乓球、网球、羽毛球、跨栏等项目能培养果断的性格，可以帮助克服优柔寡断的心理缺陷；如果是遇事容易急躁的人，就应多参加象棋、太极、游泳、慢跑等缓慢、需要耐心的项目，这类体育活动能帮助调节神经活动，增强自我控制能力，稳定情绪，使容易急躁、冲动的弱点得到改善。因此，通过运动可以发散多余的精力，抒发健康积极向上的感情，消除精神紧张，乐观地面对现实。

（二）促进人的生理机能的改善

（1）改善心血管系统机能。

（2）促进新陈代谢与适应性变化。

（3）提高呼吸系统机能。

（4）促进骨骼、肌肉生长。

（三）体育文化与价值观、社会角色

1. 体育文化与价值观的形成

所谓价值观是指人在生活和实践中产生的一种用以支配人的判断和选择，决定人的态度和行为指向的观念。体育文化在个体的价值观形成过程中能够起重要的促进作用。价值观是人们内心深处的评价标准系统。价值观一旦形成，人们内心深处有了价值判断标准。通常说一个人成熟了，主要标志是他已形成了自己稳定的价值观。参加体育运动无疑有助于人们价值观体系的形成。体育运动规则和行为规范中所蕴含的价值观对人们的价值体系的建构有着潜移默化的作用，有助于青少年今后职业的选择和事业的确立。特别是体育超越自我的进取精神，对人们形成积极的人生态度具有重要的意义。

2. 体育文化对人的正确价值观形成的意义

体育文化的哲学意义在于对人的肯定是追求人的价值和人的权利的过程，是发展和完善人的身体和精神的过程。体育承认人的肉体存在的合理性，可以令人体验到现代生活的乐趣、自由和幸福，培养积极的进取精神和高尚的情操。体育文化所传播宣扬的奥林匹克精神、奥林匹克原则、体育道德都具有很高的社会理想价值。体育文化所弘扬的公正、民主、竞争、团结、友谊、谦虚、诚实等道德观念，是社会发展所不可缺少的，其对正确价值观的形成具有教育意义。

3. 促进大学生角色社会化

高校体育文化可以促进大学生角色社会化，为其提供社会实践的空间。如活跃在高校体育文化中的各种体育协会和课余体育活动等，都是学生自我组织自我管理。在活动过程中，每个学生扮演着不同的角色，从而得到更多的角色预演机会，使其锻炼才能，增长才干，提高其角色扮演能力，对大学生获取社会工作和生活技能具有促进作用。又如高校体育文化活动主要是以实践为表达形式。在体育竞赛过程中，人与人之间承担着不同的义务，并存在着不确定的因素。因此，为参与者搭建了实践的舞台，营造了为人处世、交往与合作的氛围；为了取得好的竞赛成绩和遵守竞赛规则，参与者应各司其职、相互支持、共同克服各种困难，在这种角色的互动中认识和体验人们对不同角色的要求，既要规范行为，又要掌握不同角色的内涵，它对大学生处理好人际关系和社会关系具有极强的渗透性和良好的影响力，为大学生顺利进入社会做好准备。

三、体育文化对人生各阶段发展的促进

（一）促进儿童技能与智力开发

（1）促进儿童智力开发。

（2）促进儿童技能开发。

（二）促进青少年养成良好行为规范

体育运动是一个有章可循的、有一定约束的社会活动，又是在一定的监督下有组织地进行的，这对培养年青一代遵守社会生活中的各种规范是一个很好的强化。

1. 体育运动的规则性

体育起源于游戏，却区别于游戏，这是因为体育的发展经历了一个在规则的约束下不断创造和完善的过程。体育运动在每一个细节上对参与者都设定了规则，违反了这些规则将会受到惩罚。因此，体育规则是体育运动得以存在和发展的基础，是体育比赛顺利进行的前提和保证。

体育规则对体育运动的发展有三种作用。其一，对活动的参与者的规定，规定参与者可以做什么，不可以做什么。其二，对活动过程目标的规定。使用规定的技战术使体育参与者达到具体的目标。其三，对阻碍活动发展的方式、行为等的禁止。这种禁止有助于界定这项体育活动的规则。体育运动的规则性保证了体

育运动的存在性，运动规则的合理性保证了体育活动的参与性。

2. 在运动中养成良好的行为规范

体育作为一种特殊的社会文化形式，激烈的对抗竞争、频繁的人际交往和多种形式的群体活动是其鲜明特征。在这个领域中确立了各种明确而细致的行为规范，并通过裁判、公众舆论、大众传媒等进行监督和实施。由于体育的规范训练可以经常重复，而且对规范的违犯不会给社会造成严重的损失，这一过程可以在教师等人的指导下进行。这就使体育活动的参与者学习到体育活动中的行为规范后，懂得了规范的一般特点，有利于理解后学习其他社会规范。

(三) 老年生活质量的提高

(1) 丰富老年人的生活。

(2) 老年人体质的增强。

因此，体育文化虽是一种文化现象，但是其中蕴含着一股强大的作用力，这种作用力能在最大限度上体现出体育最本质、最基础、最强大的文化功能。

第三节 体育文化的传播与交流

一、体育文化传播与交流概述

人类体育的发展具有共同性和差异性，因而存在着体育的交流，这是体育传播的根本原因。从相对的意义上看，交流主动和主观，传播被动和客观；交流是从一方面来说的，传播是从多方面来说的；交流是外在的，传播是内在的。体育文化往往是在交流中传播的，体育文化传播往往促进交流的进一步深入和发展。

然而，体育文化交流是促进体育文化传播的重要前提，体育文化传播往往是内在的和客观的，它的进行往往在很大程度上促进体育文化的进一步交流。体育文化交流的深入又为体育文化传播创造更好的条件。在一般意义上，体育文化交流与传播是一致的，体育文化交流的过程就是体育文化传播的过程。

二、体育文化传播的模式

文化传播最基本的模式是传播者与接受者相互依存的模式和一条链式的前后运动的模式，包括链式、波式、根式三种传播模式。这三种文化传播模式对应为线性传播、毗邻传播、集团式传播三种体育文化传播模式。如果把文化传播放到一个更加广阔的空间和持续运动的时间内来考察，就会发现单一的传播方式在现实中是没有的，实际上的传播模式往往是多层次的复杂的结构模式。以下为几种常见的传播模式。

1. 直接传播

最简单和最基本的体育文化传播模式就是直接传播。直接传播主要包括单项传播和波式传播。

2. 间接传播

间接传播指两种体育文化通过媒介得以交流的传播，如通过书刊、贸易、对外交流、留学等方式。

3. 刺激传播

刺激传播又叫激起传播，是指某一社会掌握了某项体育能力后刺激了另一社会，使之相应的发明或发展了类似的体育文化要素，或者是外来体育文化的先例所促发的新的体育文化因素的成长。

必须强调，体育文化传播不存在机械的和从一的传播方式，往往是复杂交织的。

第三章 体育产业

第一节 体育产业概述

一、体育产业的概念

关于体育产业的概念问题，目前在我国及国外均无统一的观点。美国学者对体育产业大多持模糊的理解，认为只要与体育有关联，就可算作体育产业。如果一项产业无相对明晰的边界，那就缺乏自己的内涵，如果说只要与体育产业有关联，就把它纳入体育产业的范畴的话，体育产业便失去了它的原本，也就什么都不是了。因而日本学者不同意美国学者的观点，体育产业必须要有自身的领域，而这一领域就是将体育作为产品的市场范围。

这些年来，我国学者对体育也有热烈的讨论，但也未形成较为一致的认识。体育界人士、行政管理人员和部分经济研究学者针对体育产业的概念，从不同的角度进行了较为广泛和深入的探讨。

有人认为，采用产业经济学对产业惯常的定义方法，可把体育产业理解为生产体育用品和提供体育服务的企业（厂商）的集合。

虽然至今人们对体育产业的定义并未取得一致的意见，但对其基本概念进行探讨的意义是积极的肯定的。有越来越多的人在关注这一问题，说明我国的体育产业正在成长、壮大与逐步成熟，同时也证明体育产业在我国国民经济中的地位和作用日趋突出。

二、体育产业在当代社会中的价值体现

当下，加快培育和发展我国的体育产业是时代的要求，它契合经济发展、社

会繁荣和体育事业转型与可持续发展的多重需要，有着十分显著的当代价值。这种价值主要体现在以下两个方面。

（一）发展体育产业的经济价值

体育产业作为文化产业的有机组成部分，对构建新型服务业和现代娱乐业有直接的促进作用。发展体育产业的当代经济价值，具有拉动经济增长、促进产业结构调整和带动国民就业方面的作用。

全面建设惠及十几亿人的小康社会，与温饱阶段相比，最大的不同在建设内容上。温饱阶段是解决吃得饱、穿得暖和居者有其屋的问题。而全面建设小康社会阶段是要解决温饱后提高老百姓生活质量的问题。从需要层次上看，温饱阶段是保障公民能够满足基本生理需要的阶段，而全面建设小康社会阶段是要在一定程度上满足人们享受和发展需要的阶段。体育产业是以提高消费者生命质量和生活质量为重点的新兴服务业，体育产业的发展与壮大不仅表现为经济的增长，而且也表现为社会的进步与繁荣。

（二）发展体育产业的体育价值

发展体育产业除了具有带动经济增长和促进社会进步的显著作用，还可以促进体育事业管理体制的改革和运行机制的转换，推动体育事业实现可持续发展。这一点是我国发展体育产业与其他国家发展体育产业最大的不同，换句话说，其他国家的体育产业只有发展的任务，而我国的体育产业既有发展的任务又有改革的任务。因为我国体育产业发展的起步阶段不可避免地要和体育事业管理体制改革与运行机制转换交织在一起，互动前行。一方面，体育产业的发展促进体育管理体制改革与运行机制转换；另一方面，体育管理体制改革与运行机制转换为体育产业发展释放出必要的动力和成长空间。体育产业的发展对体育事业可持续发展的价值主要表现以下五个方面。

（1）提供动力。

（2）扩充增量。

（3）优化结构。

（4）健全机制。

（5）施惠于民。

第二节　体育市场与体育产品

一、体育市场的概念

体育市场是体育产品（商品）交换的领域。

市场是以其所交换的产品的特点和用途来划分的。体育市场中的交换对象主要是体育服务，所以体育市场就是体育服务产品的经营与交换的场所及其交换关系。体育市场的含义可从以下三个方面来理解。

（一）狭义的体育市场

狭义的体育市场是指商品交换、商品买卖的地点或场所，如集市、商店等。这是其空间概念。按此含义，体育市场可被认为是直接买卖体育商品和服务的场所，即经营体育这种特殊消费品的场所。消费者在此购买体育服务、观赏和参与体育活动，如消费者通过购买门票、入场券，以支付相应的费用等形式，为进入体育场馆观看体育比赛、进入健身场馆进行体育锻炼等而进行的买卖活动。

（二）广义的体育市场

广义的体育市场是指商品交换关系、商品交换活动的总和。商品的生产者、经营者和消费者，为满足自己和相互之间的特定需求，出售自己的商品或从别人手中购买自己所需的商品，在交换活动中实现商品的价值。这一市场概念反映出生产者、经营者和消费者之间的经济利益，也反映出参与市场活动各方面的关系。从这一意义上看，广义的体育市场是指社会体育商品和服务的交换活动、交换关系的总和，其研究的主要内容包括体育服务产品的交换关系、交换活动的性质、结构、行为，并向市场提供更多的社会需要的产品，从而改善体育市场结构。

（三）市场学意义上的体育市场

现代市场学从营销的角度来理解市场，将市场看作主要是买方的活动。如市场学把市场定义为某种产品所有实际的和潜在购买者的集合，人口、购买力和购买意愿是决定市场的三个要素。按此含义，体育市场是指对体育商品既有购买欲望又有购买能力的现实与潜在的需求，及有此需求的群体。所谓开发市场或开拓市场，就是通过各种营销手段来扩大人们对体育商品的支付能力、购买欲望和现实与潜在的需要。

上述三方面是从不同的角度对体育市场这一概念的理解，而三种概念的结合，则是对体育市场含义较为全面的解释。

二、体育市场与体育产品的分类

（一）体育市场的分类

我国现在的体育市场分三类，即成熟市场（体育用品市场）、起飞市场（健身娱乐市场、竞赛表演市场、体育中介市场）和概念市场（体育旅游市场、体育传媒市场和体育保险市场）。

建立一个门类齐全、结构合理、功能齐备的体育市场体系，是优化体育产业结构的需要，也是体育产业蓬勃发展的基础。我国体育市场已逐步由过去的零星单一、层次不清的现状，向本体为主、层次分明、全面发展的目标推进。目前，体育市场结构的基本框架是以竞赛表演市场、健身娱乐市场、体育无形资产市场、体育人才市场和体育咨询市场作为本体市场，带动其他相关体育市场（体育用品市场、体育彩票市场、体育广告市场、体育旅游市场等）。

（二）体育产品的分类

在体育市场中流动的商品是体育产品。体育产品是体育消费者需要的一种实物、一种服务或者是两者的结合。体育产品包括体育用品与体育服务两部分，内容主要包括体育赛事、体育训练、体育信息和体育用品。

1. 体育赛事

体育赛事也称体育比赛、体育竞赛。运动会、运动员、运动队和竞技场都是与体育赛事相关的体育产品。运动员的表演、运动品牌、运动理念、赛场氛围都是体育产品。作为商品，体育消费者享受的是服务，在这一层次上，体育赛事是情感性的产品。

2. 体育训练

体育训练是为体育运动的参加者而产生的，为他们强身健体、运动娱乐服务，进行锻炼身体和运动技能的训练、指导。各类健身中心、运动训练班都是这类产品。

3. 体育信息

体育信息是指向消费者提供体育新闻、统计资料、赛事日程、体育故事。此外，还能向消费者提供强身健体、运动训练指导。专门的体育报刊、广播电视台、互联网站都可以提供体育信息。

4. 体育用品

体育用品是实物形态，包括体育器材、体育服装、运动饮料、体育药品、体育建筑、体育科研仪器等，此外，还有运动会的纪念品和收藏品等。体育用品有的是直接为体育消费者服务的，有的是因体育的魅力而被消费者接受的。

三、体育市场与体育产品的特性

（一）体育市场的特性

现代体育是现代人的一种生活方式，体育市场是这种生活方式的市场。体育市场有三大特征，即服务性、情感性和合作性。

1. 服务性

体育市场的服务性指体育产品提供的主要是服务，为体育消费者服务是体育市场的主要特点。

体育市场首先是一个提供生活化和人性化产品的服务性市场。人们对体育产品和服务的选择通常表现出人们对生活方式的选择。人们从体育市场中所获得的不仅是具体的体育运动装备、器材和设备，更是运动的精彩和人际关系的和谐等精神上的享受。

体育市场通过体育运动向人们提供服务，体育消费者对体育市场中的产品和服务不仅要求它们的质量、品牌效应和知名度，还要求它们的可消费性和亲切感。体育市场的服务性特征决定了体育市场必须向大众百姓提供可信赖的、可确定的、可辨认的、负责任的和个性化的产品和服务。

2. 情感性

体育市场的情感性指体育对人的精神有巨大的震撼作用，体育市场是以积极的价值观念和生活方式影响公众的情感市场。

体育比赛的胜负会影响许多人，重大的体育比赛会牵动亿万人的心，对人的情感是一种强烈的刺激，会激发人们的爱国热忱，增强民族的凝聚力、自信心和自豪感。

3. 合作性

体育市场的合作性指体育市场中涉及多个人物和组织，在体育活动中大家有共同的利益，关系密切，需要合作。

在竞赛表演市场中，由于社会各界的普遍关注与参与，合作发展成为体育市场的重要特征。在这里，除了运动员、教练员、体育官员和工作人员这些主角，还包括大量的观众和社会许多方面对体育运动的关注和关怀。正是这些，使体育运动和体育市场得到了飞速的发展，广泛的社会支持和众多社会组织、社会各界人士对体育运动的参与，使体育市场丰富多彩，并且具有它专有的特色。

在健身娱乐市场中，体育消费者成为活动的主体，直接参与了体育活动，消费者会直接与健身娱乐场所的经营者发生关系，这就不可避免地要求双方互相配合，互相合作，才能比较好地完成市场的消费过程。

(二) 体育产品的特性

体育产品作为商品，除了具有商品的一般性质，还有它自己的特性。

1. 观赏性和不可预见性

体育竞赛表演同其他文化产品，如音乐、舞蹈、戏曲等一样，具有观赏性。买票到赛场观看球赛、通过电视观看体育比赛等都是人们的重要生活方式，而不可预知的竞技体育比赛结果和火爆的赛场气氛也是体育消费者追求的消费点。同时，许多体育产品具有边生产边消费的特点和集体消费的特点。

2. 参与性

参与性是体育产品的另外一个特点。花钱参与体育活动是社会经济发展后人们的必然选择。从体育产业经营的角度考虑，体育消费者如何看待、如何使用、如何购买体育产品是一切工作的中心。提高体育产品的观赏性、增强体育消费者的参与性是体育产业的核心内容。

四、体育产品的消费主体

体育产品及其无形资产的消费主体，除了居民消费主体，还有媒体业及各类企业的消费主体，它们是体育产业的后向关联产业，关注于体育消费问题的研究，包括居民个体消费和企业集团消费两大部分。以生产、提供体育服务和劳务产品的企业集合来界定体育产业，符合产业经济学和逻辑学原理。当体育产品进入市场形成商品属性时，体育服务产品在生产和交换的过程中随着社会影响力的不断扩大，将衍生出无形资产，其价值实现途径是体育原生产品及其无形资产的交换价值。体育产品与生产体育产品的投入是有本质区别的，不能将投入品视为体育产品，更不能将生产这类投入品的产业部门划为体育产业，它们应是体育产业的前向关联产业，媒体业及其他生产企业是体育原生产品及其无形资产的重要消费主体，这些产业部门是体育产业的后向关联产业。在研究体育业发展问题时，着重关注体育产业与其前向关联产业、后向关联产业之间的变动规律，市场交换方式与特征等问题。

第三节　体育产业结构、组织与政策

一、体育产业结构

（一）体育产业结构概述

1. 概述

（1）体育产业结构的概念

体育产业结构是指体育产业内各生产部门之间的技术经济联系和数量比例关系，它既反映了各种体育实物产品和服务生产部门之间在生产技术上相互依赖、相互制约的关系，也反映各类经济资源（含体育资源）在各部门的配置情况和体育产业总产值在各部门的分布情况。

国民经济中的产业结构一般分为三个层次：①三大产业之间的结构比例关系，此为第一层次。②三大产业内部各行业之间的结构比例关系，如工业内部、服务业内部等行业之间的结构比例。③某个行业内的各分支行业的结构比例，如体育产业内部健身娱乐业、竞赛表演业、体育用品业等分支行业之间的比例关系。

在体育产业结构中，各分支行业、各部门都具有一定的相关性，它表现在体育产业结构的各要素之间、结构之间、要素与结构之间的连锁和反馈作用。例如，健身娱乐业的兴盛能带动体育用品业发展，竞赛表演业的发展带动体育经纪、体育传媒、体育广告等行业的发展，本体产业带动外围产业，外围产业又反过来支持本体产业，在产业链中任何一环成为"瓶颈"都会影响整个体育产业的发展。因此，只有把构成体育产业结构的各要素和环节联系起来进行全面分析，从定性和定量两个方面去综合考察要素，及要素之间、结构之间、要素与结构之间的相关性，才能从整体上把握体育产业结构的合理性。

根据产业经济学的基本原理，产业结构的分析指标主要有劳动力、资本和产值，前两者表示产业的投入，后者表示产业的产出。因此，劳动力、固定资产和体育产业总产值在体育产业之间的分配比例就形成了体育产业结构的静态格局。弄清体育产业结构合理化的相对稳定性和相对变动性就是体育产业结构研究的目的，为制定体育产业发展战略和政策提供理论依据。

（2）我国体育产业结构理论研究

有人认为："体育结构就是体育总体各个构成部分的比例和结构方式，随着我国社会经济发展，我国体育运动也逐渐发展成为多层次、多功能的复杂结构，即一个既有横向结构，又有纵向结构的复杂网络系统。"但是，并没有对体育事业的横向结构和纵向结构做进一步的概括和研究，也没有描述体育总体各个构成部分之间的比例和结构方式。由于体育发展战略是以竞技体育发展为主要目标，所以，关于体育结构的研究大部分是为竞技体育发展服务，或从局部结构出发，如周旺成的《三梯级格局与我国竞技体育的发展》，董新光等人的《对奥运战略重点项目投入结构的分析与对策建议》。而对体育事业重要组成部分的群众体育、学校体育投资及体育基本建设投资方面的研究都难以见到。国家体育运动委员会已经认识到投资结构调整对于整个体育结构调整的作用，开始制定相应政策，"合理调整体育投入的方向和结构，对不同的体育组织、体育活动，政府的经费资助有所区别，有所倾斜"。同样，对体育系统人员结构（劳动力）的研究也更多地偏重于竞技体育，而对于我国社会体育指导人员的结构很少有研究涉及。从以上这些有关体育事业结构的研究，不难看出，它们都围绕竞技体育的发展进行研究，而对体育事业整体结构和组成部分之间的比例关系研究仍较少。

随着体育改革的深入，体育产业化进程的加快，对体育产业结构的研究也就显得越加重要，这是因为凡产业都有结构问题，结构不同不仅会影响产业的效益，而且还会影响产业的发展方向。

在有关体育产业结构理论研究中，有些学者将体育产业分为主体产业和相关产业两部分，其中主体产业包括群众体育（含学校体育、职工体育、军队体育等）、运动训练、运动竞赛和体育场馆等；相关产业包括体育旅游、体育广告、体育彩票、体育服务公司和体育产品生产等。实际上，这种对体育主体产业与相关产业的划分，缺乏足够的理论依据和确切的标准，但是，这种分类已经超越了体育产业内涵的狭义界定，比较符合我国体育产业发展的实际，摆脱了传统经济学对体育产业划分的限制。

徐本力在《对我国体育产业理论与实践研究中几个问题的调查与研究》中，综合了国内体育产业分类结构诸多观点，从理论上论证我国体育产业整体结构模式。他从广义的角度提出"体育事业产业"，初步解决了人们一直争论的体育相关产业和体育外延产业的归属问题。其现实意义在于促使人们集中精力去研究如何通过体育产业结构调整，增加体育本体产业产值。但这种分类的不足在于包括了非体育产业的内容，而且过于庞杂。

很显然，他们对体育产业结构划分的共同点是将体育产业分为体育本体产业、相关产业和体育本体产业与相关产业以外的其他产业。其不同点是这种结构分类虽然包括了体育产业的所有内容，同时也将非体育产业部门（体育建筑业、体育用品制造业）包括其中，且分类标准、分类方法与三次产业划分标准不一致。另外，有些学者还认为体育本体产业与相关产业以外的其他产业，不能归属体育产业的范畴。这种对体育产业结构分类的分歧，根源在于对体育产业内涵的不同理解，这正是目前我国体育产业理论研究的难点所在。

根据对体育产业内涵的界定，体育产业包括了众多的部门产业，它们的产品不仅差别很大，而且使用价值也有区别，有的提供体育服务产品，有的提供体育物质产品，还有的是借助其他物质产品传达体育信息等。因此，组成体育产业的各要素部门有主次之分，"主"决定着事物的性质，而"次"则是事物的从属部分。

2. 基本结构形态

（1）体育产业的产值结构

体育产业产值结构既分析体育产业总产值占国民生产总值的比重（外部结构），也分析体育产业内部各行业的产值分布（内部结构），前者反映一国体育产业的发展程度，后者反映产业内部各行业的相对地位。

体育产业产值的外部结构反映体育产业的地位和作用。体育服务满足的是人们"追求生活质量""追求时尚和个性"等高层次需求。经济越发达，人们的需求层次越高，体育产业越发达，在国民经济中地位越重要。

体育产业产值的内部结构是衡量体育产业内部结构是否协调的一个重要指标，同时也反映出一个国家或地区体育产业的特色。北京是我国体育产业相对发达的城市，但主要还是以体育外围产业为支柱，与西方体育产业发达城市本体产业主导地位的情况形成明显对比，反映了我国体育产业与西方发达国家还有差距。

体育产业包含本体产业、相关产业和外围产业三大部分，其中，本体产业的发展是整个体育产业的领头羊。健身娱乐业的充分发展，能产生对体育运动器材、服装的巨大需求，从而带来体育用品业的繁荣；竞技表演业的大力发展，提高竞技水平，人们体育热情高涨，体育人口增加，才能推动体育传媒业、体育经纪业、体育广告业、体育赞助业等行业的发展。体育活动对社会经济的影响主要通过体育相关产业、外围产业的兴盛来扩散，实现经济价值。体育相关产业、外围产业的发展反过来又为体育本体产业提供群众基础、物质支持和技术保障。所以，在体育产业产值结构中，本体产业、相关产业和外围产业的产值份额要相协调。

（2）体育产业的就业结构

体育产业就业结构包括外部就业结构和内部就业结构，前者是指体育产业吸纳就业人数占总就业量的比重，后者是指体育产业内部各行业吸纳就业的结构比例。世界各国经济发展的历史表明，劳动力作为一种基本经济资源，它流向哪个产业，哪个产业就得到了加强，获得了发展条件；没有足够劳动力支持的产业，其发展必然受到限制。因而，劳动力流向和结构的变化，对于体育产业结构的发展趋势和内部调整有着巨大的制约作用。当然，体育产业就业结构也受到体育产业本身的需求增长和技术进步的影响：当社会对体育产业需求增长时，其就业需求随之增长；而当体育产业技术进步加快时，对劳动力的需求则下降。体育产业虽然横跨第二、第三产业，但主体是体育服务业，产业增长吸收的就业机会较多。

（3）体育产业的投资结构

体育产业的投资结构，是指一定时期内全社会体育产业总投资在各行业间的分布，它包括增量投资结构和存量结构。若调整增量投资结构，其影响和决定着未来一定时期体育产业的生产和消费关系、地区分布状况、内部各行业之间此消彼长的关系；而调整存量结构，即减少体育产业内部低效率行业的存量并实现向高效率行业的流动和重组，是体育产业结构优化的基本内容。

（4）体育产业的需求结构

体育产业的需求结构，是指体育市场中各种不同类型的需求数量构成状况。按照不同的划分标准，体育市场中存在多种类型的需求，如中间需求和最终需求、国内需求和国外需求、私人需求和政府需求，及不同年龄和不同收入水平的需求等。

中间需求是生产消费需求，将体育产品（实物或服务）作为中间投入而形成的投资需求；而最终需求是生活消费需求，体育产品在人们消费过程中的最终消耗。

国内需求和国外需求是按体育市场形成的地域来划分的，在当今全球化、信息化时代，体育产品冲出国界，走向全球是一个重要发展趋势。从体育用品品牌到世界杯、奥运会等体育赛事，无一不昭示着体育产业国际化的趋向。

私人需求和政府需求是按体育需求的主体划分的。体育活动是一项具有良好正外部效应的社会公益事业，在许多国家，政府都会兴建体育设施，发展体育事业，从而形成对体育产品的需求。

（二）体育产业内部和外部结构变动规律

1. 内部结构变动规律

体育产业内部结构变动规律是指体育产业在动态发展过程中，其内部各分支行业的涨落次序。

体育作为一种社会文化活动，源于人们的日常生活，最初是人们在生活中的闲暇时间及宗教或节日仪式上的游戏和娱乐方式，也是生产及生存技巧的交流和表演方式。随着社会的进步，特别是在近代工业文明以后，自由竞争和法律规范成为时代的精神，以竞技体育为主的现代体育迅速发展起来。竞技体育鼓励人们在规则范围内进行自由平等的竞争，就是这一时代精神的反映。也正是在这种崇尚自由竞争的市场经济土壤里，体育活动开始出现商业化的迹象，催生了现代体育产业。早期的体育产业主要是为大众体育、竞技体育提供体育用品。总体上说，早期体育产业是以提供实物产品为主的，体育服务产品的比例很小，产业软化率（服务产品与实物产品之比）很低，产业领域也很窄。

在人类社会进入追求生活质量阶段以后，人们收入水平提高，闲暇增多，需求层次升级，体育产业开始长足发展。20世纪六七十年代开始，体育本体产业迅速发展，并由此衍生出大量的体育相关产业。在这一时期，体育产业领域大大拓宽，产品种类愈加丰富，产业关联度也明显提高。

在体育服务业迅猛发展的推动下，体育用品业也获得快速发展，但发展速度相对放慢，在整个体育产业中的份额下降，体育服务业产量比重急剧上升，产业软化率大幅提高。

由此可见，在体育产业的动态发展过程中，产业领域会不断拓宽，内部结构会不断调整，体育服务业在整个体育产业中的地位不断上升，而体育用品业在体育产业中的地位则相对下降。这就是体育产业内部结构变动的基本规律。

2. 外部结构变动规律

体育产业外部结构变动规律是分析经济发展过程中整个体育产业在国民经济中的地位和作用的变化趋势。随着经济资源在各产业间流动，国民生产总值在各产业的分布状况也相应变化，资源配置和产出结构先后集中在第一产业（农业）、第二产业（工业）、第三产业（服务业）。体育产业是为满足人们的体育消费需求而存在的，主要是向市场提供各种体育服务产品，属于第三产业的第三层次"为提高科学文化水平和居民素质服务的部门"。因而，从国民经济各部门之间相对地位变化趋势来看，随着经济发展和人们收入水平的提高，体育产业在国民经济和第三产业中的地位和作用会日益突出。这是对体育产业外部结构变动规律的一个基本推断。

作为一个发展中大国，我国体育产业总体上还不发达。而且，我国体育产业发展还很不平衡，在经济相对发达的东部沿海地区，体育产业相对发达，而在经济相对落后的中西部内陆地区，体育产业还很落后。

（三）我国体育产业结构现状

我国体育产业结构现状是大众体育与竞技体育两者发展不平衡，彼此间的关联程度也很低，表现为"大而全、小而全"的格局，重复投资严重，地区项目布局雷同，没有发挥地区优势。在体育产业内部，体育服务业落后于体育物质产品生产部门，即作为体育产业主体部分的体育健身娱乐业、体育竞赛表演业、体育场地服务业等部门没有得到应有的发展，而相关的体育用品制造业、体育广告业等发展迅速。另外，作为体育产业基础部门的体育场馆建筑业和体育场地服务业则成了瓶颈产业，严重制约着体育产业各部门之间的协调发展。

目前，我国的体育结构，不能及时生产出大众所需要的体育产品，造成体育产品供给与需求的矛盾。这种矛盾使我国体育产业结构存在某些不合理现象，主要表现在以下四个方面。

1. 体育产品结构

体育部门是国民经济的重要组成部分，既然有投入，肯定就有产出，因而，我们再对体育部门的产出——体育产品进行分析。构成体育产业的各部门在获得一定的经费投入后都有产品产出，如体育竞赛表演业、体育场地服务业、体育培训业等提供无形的体育服务产品；体育用品制造业、体育建筑业、体育信息传播业等提供有形的体育物质产品。

现阶段，我国体育产品市场呈现如下格局：有形的体育物质产品有些能够满足大众需求，如体育服装、体育健身器械、体育健身用品等。这些产品的生产主体和投资主体主要来自社会其他部门，近年来，东南沿海省市的许多企业积极投资于这类产品的生产。有些则不能满足市场需求，如体育健身场地服务、公共体育设施提供等。现阶段，这类产品除了各级政府投资，个人或其他社会组织很少投资生产。另外，国家用于体育基础设施建设经费还很有限，在短时期内，体育基础设施的建设还难以有很大改观。

无形的体育服务产品主要有两类：一类是观赏性体育服务产品，另一类是参与性体育服务产品。观赏性体育服务产品最大的提供者是体育竞赛表演业，如我国国家代表队参加世界各种重大体育比赛，运动员在国际赛场上顽强拼搏，既获得了优异的运动成绩，又提升了我国国际形象。对于国民来说，这种拼搏的精神就是一种公共精神产品，它对于振奋民族精神，增强民族自信心和凝聚力，培养爱国主义情感起到了积极的作用。这种体育服务产品的提供是有限的，是国人需要的。而国内举行的各种体育联赛，或许是运动技术水平较低，因而观众较少，使运动员在体育竞赛或表演中创造的优美动作、表现的精湛技术及赛场富有感召力的热烈气氛等特殊产品没有被充分消费。由于体育服务产品不能保存，体育竞赛表演过程中没有被消费的剩余体育服务产品即被浪费。体育竞赛表演业创造的体育服务相对于现阶段居民体育需求来说是供过于求。为发展竞技体育而培养的大批教练员，除了指导运动员训练，不能为居民提供各种形式的体育健身服务；为运动训练而建起的大量体育场地设施也很少对群众开放。虽然国家对体育竞赛表演（竞技体育）的投入很多，但其产出的产品真正为大众所需要，满足群众体育健身需求的却较少。因而，政府和社会各界在体育竞赛表演方面的大量投入，虽然产生了预期的社会效果，但仍有大量观赏性体育服务产品被浪费，经济效益较低。

另一类是由体育健身娱乐业、体育场地服务业、体育旅游业等提供的参与性体育服务产品。由于国家对这些产品的投入少，没有形成规模，其服务产品产出少，难以满足人民日益增长的对体育健身技术服务、体育健身场地服务和体育康复保健服务等方面的需求，出现了参与性体育服务产品供不应求的现象。

2. 设施结构

体育场地设施是体育事业发展的物质基础，是体育运动开展的保证和载体，它的多少制约着群众体育的普及程度和运动训练的质量和水平。

从我国现有体育场地分布来看，各级各类学校占据全国体育场地数的大部分，由于这部分场地属于学校，用于体育教学，加之管理上的问题，目前对外开放的场地很少，因而难以成为大众开展体育健身的场所。其他部分的体育场地由于属于各自系统，大多用于本系统职工开展体育活动，较少对外开放。像国家体育运动委员会系统有比较齐备的场地设施，但要用于运动训练；解放军、武警等系统的场地设备也要用于军事训练和体育活动，所以这部分体育场地也很少能用于大众体育健身。由此可见，用于大众体育健身的社会公共体育场地数量十分有限，难以满足大众体育健身对体育场地设施的需要。

3. 人员结构

随着我国改革开放的深入和经济的发展，体育事业也得到了较快的发展，不仅从国际体育比赛中获得优异成绩可以看出，还可以从我国体育工作者队伍的不断壮大来证实。在国家体育运动委员会系统如此众多的职工中，除了宣传出版人员，多数是为"奥运战略""全运会金牌"服务，他们的全部劳动最终以几块奥运金牌和全运会冠军得以体现，其投入产出比很低。而负责开展大众体育的体育管理人员则很少。

体委系统从业人员的分布，折射出我国竞技体育与大众体育发展的不平衡，也反映出体育产业各部门比例关系的不协调，也说明我国体育产业结构确实存在着不合理的现象。

4. 投资结构

政府财政对体育的投入，永远是体育的重要资金来源，这是由体育是一项社会公益事业的性质所决定的。《中华人民共和国体育法》第七十七条明确规定："县级以上人民政府应当将体育事业经费列入本级预算，建立与国民经济和社会发展相适应的投入机制。"虽然体育产业有所发展，体育经费来源渠道增加，政府财政的投入在体育总投入中所占的比例可能有所降低，但投入的绝对数仍需随财政收入的增长而逐年递增。如果因社会投入增加，就削减对体育事业的财政拨款，是不利于体育事业发展的。

我国体育事业主要由大众体育、学校体育和竞技体育三部分组成。建国初期，我国的大众体育、学校体育和竞技体育得到了全面发展，国民身体素质显著提高。进入 20 世纪 80 年代，为了扩大国际影响和提高国际地位，竞技体育优先发展的地位得以巩固。随着我国经济的飞速发展，人们生活水平的不断提高，大众的体育健身需求日益增长。学校体育也有很大发展，学生身体素质明显提高。我国体育科技、体育宣传等各项事业发展较快，体育队伍素质不断增强，体育社会化步伐加快，给体育事业发展注入了新的生机与活力，体育法治建设取得长足进步。一条与社会主义市场经济体制相适应、符合现代体育发展规律的、有中国特色的体育发展道路正在形成。

但是，我国大众体育、学校体育、竞技体育三者之间的发展存在着明显的不平衡：竞技体育发展较快，它有完善的运动训练与竞赛设施，有数量庞大的教练员和科研人员队伍，还有完备的后勤保障系统及连贯的三级训练网等。同竞技体育相比，大众体育、学校体育的发展则相对滞后。在体育产业内部表现为体育竞赛表演业的发展超前于体育健身娱乐业，像足球运动项目，都成立了职业俱乐部，已走向市场。而关系国民体质健康的体育健身娱乐业的发展则较为落后，尽管有政府和社会各界对大众体育投资，但由于大众体育参加人数多，体育需求量大，层次广泛，尤其是随着《全民健身计划纲要》的实施，现有的体育场地设施、经费、指导人员等都难以满足需求。

像学校体育、职工体育和社区体育等，它们所需的经费主要来自政府的投入，而在实际工作中，却存在着经费投入总量少且不稳定的现象。从我国体育经费投入总体上来分析，还存在以下一些问题：①各级政府投入总量不足，体育经费短缺的矛盾加剧；体育经费的增长低于物价的增长。由于经费缺乏，许多场馆设施年久失修，大众健身娱乐需要的小型场地设施非常短缺。②投入渠道单一的状况没有根本性改变，社会办体育的积极性尚未充分调动和利用起来。③投入结构不合理，缺乏宏观调控力度，如足球、篮球等热门项目，经费充裕，而社区体育用地，闲置多年，无力建设。

二、体育产业组织

（一）我国体育市场结构

经过近几十年的发展，体育市场主体也呈现多样化特征。根据不同部门企业的市场集中度、产品差别和进入壁垒，可以反映体育产业组织的竞争与垄断程度及其市场形态。

1. 体育健身娱乐市场

体育健身娱乐市场是体育市场的主体，是广大人民群众参与性的消费市场，它随着人们收入水平提高和消费结构变化而快速发展起来。由于群众健身娱乐消费支出的增加和消费内容的多样化，吸引更多的社会组织、个体企业和其他企业投资大众体育健身娱乐项目。特别是东南沿海经济发达地区，中小型体育经营企业如雨后春笋般兴起。所以，我国的体育健身娱乐市场也处于自由竞争的发展阶段。

2. 体育竞赛表演市场

竞技体育主要由政府体育主管部门负责，通过举国体制提高竞技运动水平，从而在大型国际比赛中取得优异成绩。体育竞赛表演业的产品主要由参加各类体育比赛的国家运动队、职业体育俱乐部和体育院校高水平运动队提供。实际上，国家体育总局直属的运动项目管理中心直接管理着我国的体育竞赛表演市场，包括各地方体育局所属专业队和业余队的全国比赛、职业联赛以及商业比赛与表演等，省市体育局则主管本地的体育竞赛表演市场。可见，我国体育竞赛表演市场管理体制是国家和地方两级管理模式。运动项目管理中心是全国性赛事及职业联赛的管理者，既有主办权，又有赛事经营权；既管理全国性的赛事，也领导经营开发进行市场运作，从而形成了管办合一的运行机制。职业体育俱乐部在运动项目管理中心的协调下结成联盟，如控制运动员的流动，同时也控制运动员的工资。正是这种机制，形成了我国体育竞赛表演业的垄断经营。

体育竞赛表演市场供给主体是国家或地方，各项目的市场产品供给商少，加之市场管理严和进入成本高等原因，造成进入壁垒。

3. 体育信息传播市场

体育信息传播主要媒体包括报刊、广播、电视、互联网等。我国的信息传媒由国家统一管理，其他行业或个人无权经营，因此，体育信息传播市场统一程度高。体育赛事组织者为了扩大影响，保证赞助商的利益，有时会以较低的价格出售赛事转播权，甚至是免费转播，这也就形成了体育信息转播的垄断限价。

（二）体育产业的市场进入与退出

只有处于完全竞争的理想状态下，体育企业才有可能自由地进入或退出体育市场。然而现实的市场结构往往不是理想状态，即市场处于完全垄断与完全竞争之间。这意味着所有企业在决定进入或退出体育市场的时候，都面临着一定的成本制约，即进入壁垒和退出壁垒，分析如下。

1. 体育产业市场的进入

关于市场进入壁垒的界定，经济学界一直存在分歧。以贝恩为代表的学者认为在位企业相对于未来潜在进入者的一切优势都可以构成进入壁垒。而斯蒂格勒等人则认为贝恩等人的观点过于宽泛，真正的进入壁垒应该是不由在位企业负担而只由新企业承担的额外成本。之后，又有学者从政策制度的角度阐述了进入壁垒，即进入壁垒主要来源于政府对在位企业的庇护性政策。如今，人们在研究进入壁垒的问题时，往往偏向斯蒂格勒等人的观点。体育市场的进入壁垒主要来源于以下三个方面的制约。

（1）技术壁垒

核心技术往往是构成企业核心竞争力的重要因素，而市场上的在位企业之所以能够维持其市场份额，一个很关键的原因就是它拥有一定的核心技术。在成熟的市场经济条件下，这些核心技术往往都会受到知识产权制度的严格保护。潜在竞争者要想成功进入该市场，就必须掌握这些技术。获得这些技术的途径不外乎两个：一是自行研发，二是购买技术使用权。前者受到资金或时间的制约，而后者增加了进入的成本，况且在位者未必同意技术输出。总之，都形成了新企业进入的真实障碍。在体育医药、保健品等市场上，技术壁垒的存在往往导致该类市场的不充分竞争。

（2）信息知识壁垒

对于任何一个在位企业而言，由于长久的市场实践，必然会在原材料的采购和控制、分销渠道及客户资源等方面积累了许多信息知识。这些信息知识是通过"边干边学"而获得的，而凭借书本或外部的观察是根本不可能取得的。正是信息知识壁垒的存在，大大增加了新企业进入市场的难度和风险。在体育劳动力市场上，运动员、教练员等人在未崭露头角之前，没有资历的新企业很难判断其未来的成长潜力，但是在位已久的企业则不同，他们往往具有丰富的选拔经验，于是对体育劳动力的投资往往容易成功。此外，在体育中介市场上，客户信息壁垒更是普遍。但是，信息知识壁垒并不是绝对的，因为它是掌握在企业的重要员工手中的，所以，新企业进入该类市场之前必须挖掘人才以突破知识信息壁垒。而获取人才是要花费成本的，换言之，信息知识壁垒并不会消失，只是转化为成本壁垒罢了。

（3）制度壁垒

在部分学者看来，一个企业的垄断是暂时的，真正限制新企业进入的壁垒并不是来源于市场，而是源自政府对在位企业的庇护性政策。换句话说，作为政府干预的制度壁垒才是潜在进入者的真正障碍。在体育市场上，不难看到许多项目的经营权由政府所垄断，或者被政府以特许经营的方式给予受保护企业，其他企业则被拒之门外。此外，政府还通过注册资本金、设置行业标准等种种政策对在位企业加以保护。在斯蒂格勒看来，制度壁垒是在位企业为了瓜分市场既得利益，通过游说、捐赠及贿赂等手段而成功"俘获"的"战利品"。所以，在培育体育市场的过程中，对支柱企业的扶植政策一定要谨慎，千万不能让扶持性政策演变为限制市场竞争的制度。

2. 体育产业市场的退出

体育市场的激烈竞争也是一个优胜劣汰的过程，从理论上分析，竞胜的企业将拓展业务，而失败的企业或者被兼并，或者退出竞争。然而在现实中，许多失败的企业或者已经预料到失败的企业，只要不被破产清算，仍然在苦苦支撑。他们其实并没有卧薪尝胆的打算，只是彻底退出市场同时面临着许多障碍，即"欲罢不能"，这些制约企业退出的因素称作退出壁垒。其实，进入壁垒与退出壁垒之间存在较为密切的关系，进入时越困难，需要付出的努力就越多，而等到退出时这些努力就要化为巨大的损失。以下对退出体育产业市场的分析中将证实进入与退出的这种联系。

（1）资产专用性

企业的生产经营离不开机器、设备、厂房等物质条件，这些物质条件的使用往往都具有很强的专用性。当然，大家也许会反驳：具有专用性的资产并不会制约企业的退出，因为，企业可以通过拍卖、抵押等方式把资产转让、盘活。但是，企业在失败前一定把实现规模经济作为经营的目标之一，那么资产一定也伴随规模不断扩大，因此，如今需要转让或盘活的资产规模肯定小不了，加之实物资产的贬值，损失将巨大。

同等数额的资产与现金相比，其价值是不同的，这就是因为资产会产生"沉淀成本"，而现金则具有高度的灵活性。沉淀成本的存在，导致市场结构的不完全性，体育市场的不完全竞争也与此高度相关。

（2）人力资本的专业化

实物资产具有专用性，作为人力资本也同样存在专业化分工的问题。即使企业的退出不会遭受物质资本的巨大损失，但是已经获得的人才由于其专业化特性而不可能立刻改行。在一个企业中，要获得改行的人才也许并不困难，但是，要建立默契的合作却是不容易的。

（3）信用链的多米诺骨牌效应

信用的链条就好比多米诺骨牌，当你背弃了第一个人时，那么就等于背弃了所有已经或者即将与你合作的人。尤其在通信极为发达的信息社会，信用记录上的不良信息在一定范围内就等于公共信息。信用是成功的基础，而失败则是瓦解信用的武器，一个失败的企业一旦退出市场，那么其信用链也就彻底被摧毁了。在失去信用的条件下，重新创业将难上加难。对于体育中介市场而言，信用等同于企业的生命。相对于其他体育市场而言，体育中介市场的进入壁垒并不算高，但是由于其退出时高昂的信用壁垒，注定这个市场也是不完全竞争的。

当然，上面的分析仅是理论上抽象概括，现实中体育产业的市场退出壁垒远比上述内容更为复杂，制约企业退出的因素是综合性的，并不是那么清晰和简单的。

（三）体育企业的市场行为

市场行为是指企业根据市场结构的实际情况，为实现更大的利润和更高的市场占有率所采取的各种决策行为。市场行为主要包括企业的价格策略和企业的产品策略。

1. 企业的价格策略

企业的价格策略是以控制和影响价格为直接目的，而不是简单考虑定价决策对自己有多大利益。在确定价格策略时，既要考虑本企业的价格决策对市场能产生多大的影响，又要考虑竞争对手可能做出的反应及对市场产生的影响。不同的市场结构会采取不同的价格策略。以下为几种常见策略。

（1）非统一定价策略

在竞争性强的市场结构中，厂商对市场价格的影响力很小，只能被动地接受统一的价格；而当市场的垄断性增加，厂商对价格的控制力加强，就会出现非统一定价，如价格差别、质量歧视、数量折扣等。

（2）成本加利润策略

这是在竞争性较强的市场结构中常见的一种定价策略，体育产业内从事健身娱乐服务和体育用品生产的企业一般都采用这种方法定价。成本加利润定价的基本原则是保证收回成本并获得一定利润。固定成本是指不论生产规模大小企业都必须支付的费用，诸如厂房、设备、资产折旧费，企业日常费用等。可变成本是指随生产规模扩大必须增加的费用，诸如生产产品所需的信息费、原材料费、能源消耗费等。成本加利润定价法实用而又方便，并能在保证收回成本条件下获得一定利润，对企业的所有者、经营者和员工都是有益的。

（3）共同价格策略

企业之间为限制价格竞争、共同控制市场并获取垄断利润，通常在价格决定和价格调整过程中相互协调，采取共同价格行为。在这种方式里，产业中某一家有影响的企业率先调价，产业内其他企业随后跟着调价，这种方式叫价格领导。

率先调价的这家企业可能是产业内实力最强，所占市场份额最大的主导企业，也可能是管理先进、在预测市场供求变动趋势和成本变动幅度方面有较好的判断力的企业，其他企业只有跟着调价，才能获得合理的利润，避免独自定价或调价所带来的风险。在一些高档健身娱乐市场上，企业通常会采取这种方式协调定价。

2. 企业的产品策略

企业为了扩大销量，提高市场占有率，除了采取价格策略，还会采取产品策略，即在产品的质量、性能、款式、广告、销售服务等方面实行差别化策略。

（1）产品的营销差别化策略

产品的营销差别化策略是指企业在对产品的广告宣传和销售服务方面会选择不同的形式和内容。在产品的广告宣传策略方面，企业要根据所属产业的特征、产品差别化的成因和企业的市场地位来确定最优广告水平和广告密度，选择适当的广告媒介，并确定广告宣传的具体内容和实施步骤。

在产品的销售服务策略方面，企业既要确定恰当的销售服务内容，又要设计合适的销售渠道。销售活动的内容主要包括企业为顾客代订货、邮购、包装、运输、售后服务及在赊购、补贴金制度和销售回扣等方面的政策。企业的销售渠道有自销、分销等形式，销售渠道的选择与组合往往与企业规模大小、市场集中度高低和产品差别化程度有关。对健身娱乐业和体育用品业来说，做好销售服务和疏通销售渠道都是非常重要的。

（2）产品的非营销差别化策略

产品的非营销差别化策略是指有关产品类型、款式、包装、质量、功能等方面更新和改进，这种差别化往往与技术开发与创新是联系在一起的。企业采用改良性技术，在产品的款式、包装、色彩方面推陈出新，同样能扩大市场容量，提高企业市场份额。在体育产业中，将先进技术在体育用品生产中应用，生产新型的运动设施，运动器材，进而丰富健身娱乐体育服务项目，提高职业体育的竞技水平，有利于扩大体育消费市场。就体育竞赛表演业而言，产品（表现为体育服务）差别化策略核心是培养、引进高水平的运动员、教练员，提高竞赛水平（体育服务质量），吸引更多观众（消费者），扩大赛事的社会影响。

三、体育产业政策

（一）体育产业政策概述

1. 体育产业政策的含义

体育产业的建立、运行和发展需要国家制定相应政策予以保障和制约。体育产业政策是指国家为实现一定历史时期的体育产业路线而制定的行动准则，是国家干预体育产业发展的一种手段，也是国家宏观领导、调控、优化和监督体育产业发展和运行的重要依据。政策应包括计划、法规、制度、财政和行政干预等方面的规定规范。

2. 体育产业政策体系

体育产业政策体系是指与体育产业有关的各项政策的总和。体育产业是一个多门类、多层次、纵横交错的产业系统。就横向而言，按产业性质可分为体育本体产业、体育相关产业和体育内部产业；按生产要素分可分为人、财、物。就纵向而言，上面受国家总体产业政策，特别是第三产业和体育事业发展规律的制约；下面各个产业部门又可分解为许多层次，受各方面条件的限制。每一个因素和层次都需要有相应的政策作为行动准则，这就导致体育产业政策也是一个多因素、多层次的庞大系统。只有全面、系统地分别就体育产业的总体和各个主要因素和层次制定相应的政策，形成一个完整的体育产业政策体系，才能对体育产业进行有效的管理和调控。

3. 体育产业政策的特点

首先，体育产业政策是政府从供给方面着眼的中观长期调节政策。体育宏观经济政策着眼于调节体育总需求，是供需短期平衡。体育产业政策深入体育产业层面，通过对供给的调节达到长期的均衡，两者的着眼点和调节的目标不同。

其次，体育产业政策采取尊重市场机制的基础作用和体育企业经营自主权的基础立场。体育产业政策是政府对体育市场缺陷的补充，而不是取代市场机制；体育产业政策是通过市场机制对体育企业的间接指导，而不是直接干预，具体表现为两点：①在体育产业政策制定过程中政府要广泛听取经营者团体、体育企业、专家学者的意见，形成制度化的咨询程序；②体育产业政策制定的体育产业发展计划、措施只具有指导性，不具有强制性，体育企业享有充分的自主决策权。

最后，体育产业政策具有一定的超前性。体育产业政策是政府基于对体育产业结构演变规律的深刻认识而提出的指导体育产业结构转换的政策，它不是着眼于现实的结构平衡，而是着眼于未来的结构平衡，因此，具有一定的超前性。

4. 我国体育产业政策的现状与不足

经过几十年的探索与实践，我国涉及发展体育产业的政策，已由点到面、由浅入深地逐步展开。

从我国现有的体育产业政策来看，现有的政策已有了良好基础。如国家鼓励支持社会力量办体育的政策，经过几十年的努力，已经形成了我国多元化办体育的格局，涌现了社会、企业、个人投资体育、发展体育的良好态势，成为看得见、摸得着的体育产业。国家支持和推进体育社会化、产业化改革的政策，使体育系统摆脱了发展体育规模受困于经费、器材设施不足的状况。但是，就当前而言，体育产业仍是一个新兴的服务产业，归属于尚未真正开发潜力巨大的服务产业。涉及众多方面直接与社会的经济、科技、金融、文化相关。当前无论是政策的研究者还是制定者，或多或少地仍受制于传统理念，致使现有的体育产业政策呈现出以下问题：①政策的广度不足（即政策涉及的面不广，有的仍无政策、无制度可依）；②政策的深度不够（即政策的内涵与外延主要停留在鼓励和支持体育事业体制改革、推进体育社会化和产业化等），远不适应发展体育产业的要求，当然，这也与现有绝大多数体育产业的政策滞后于国家确立的大政方针有关。现有政策的不足主要表现在以下四个方面。

第一，各级政府没能把体育产业像发展信息、旅游、商贸等产业一样，列入国民经济和社会发展的整体规划。造成政策导向与实际情况不相一致，容易造成人们认识上的混乱，操作上的困难。

第二，没能形成体育产业合理和必需的政策框架。体育作为一个重要的社会现象，体育产业的发展必然涉及社会的方方面面。因此，其政策的研究和制定也必须像其他产业、事业一样，有一个自上而下、由表及里的政策体系。考虑体育的特殊性，其政策框架至少应包括国家政策、行业政策和体育机构政策。其政策内容至少应涉及发展体育主体产业政策；体育为社会、经济服务政策；体育延伸服务政策和社会为体育产业服务政策。

第三，国家支持发展体育产业的政策的有效性、直接性还不够明显。现有的政策主要归属于体育系统本身的行业规则。总体上，除了国家发展体育产业的大政方针，有关发展体育产业的政策制定和实践，东部先于西部，经济、教育相对发达省市先于相对落后省市，实践先于理论，体育系统先于其他系统。

第四，体育产业的政策存在不完全性，且存在众多盲点。现在涉及发展体育产业的政策主要出自体育系统自身的需求，这就使形成的政策不可能超越其他系统，这些政策的内涵也尚无充分体现市场化要求。加上体育系统没能大胆地将社会属性较强的领域回归社会，建立必要的"撤出"机制。

（二）体育产业结构政策

1. 影响我国体育产业结构的基本因素

决定和影响产业结构的因素是很复杂的，产业政策学研究一般是从需求因素、供给因素、环境因素三个角度来分析产业结构的演化，体育产业结构变化的影响因素同样可以从这三个角度得到解释。需求因素是指社会对体育产业的各类产品的需求，而不是指体育产业对其他产业的需求。满足消费者的体育消费需求是体育产业生产的根本目的，而体育市场的需求则决定着体育产业存在的必要性，由此便形成了体育产业各部门的合理分布，即合理的体育产业结构。由此可见，需求有引导生产的作用，需求的变动导致产业结构的变动。换言之，需求的变动是导致产业结构演变的直接因素。供给因素是指社会对体育产业需求的满足程度。供给因素是体育产业结构发展的前提和基础，对体育产业结构具有重要影响。体育产业的供给因素包括自然资源的供给、劳动力供给、资金供给和技术供给。影响体育产业结构的环境因素主要包括国民经济发展状况、产业结构演进中的政府作用，及国际贸易与国际投资的影响。

2. 我国体育产业结构政策的基本目标

为了保证经济快速、持续、稳定地发展，体育产业结构政策的制定和实施必须明确体育产业结构调整目标，即在一定时期内，根据本国的经济发展阶段、体育产业发展状况、科技水平、人口规模等，通过对体育产业结构进行动态调整，以保持体育产业向协调化和高度化发展。其核心是在尊重市场功能的基础上，对市场不能调节和无力调节的领域进行政策性引导。

3. 我国体育产业结构政策的主要内容

第一，选择主导行业，安排产业发展序列。一方面需要依赖于产业组织政策，通过企业兼并、改组、集团经营等方式，促进体育资源各要素重新配置组合；另一方面则需依赖于产业结构政策和投资政策，通过对主导行业、一般行业、支柱行业的产业发展序列安排和采取相应的结构对策，使产业结构合理化和高度化，实现体育资源各要素的合理配置。针对我国体育产业现状，体育产业结构政策首先要以此入手，选择主导行业，安排产业发展序列。需了解作为优先发展领域应具有的产业特点，以符合国家的产业政策为前提，寻求具有高速的成长性、较强的经济辐射力和竞争力优势的行业作为主导行业。根据这几个特征，体育竞赛表演业具有优先发展的优势。首先，竞赛表演业具有高速的成长性；其次，体育竞赛表演业能够兼顾比较优势与竞争力两重因素，且对其他产业的拉动性很强。当然，由于全国各地的情况存在很大的差异性，不能以"一刀切"的思维方式去确定各省体育产业的发展方向和优先发展领域。从地域分布和体育内部结构组成角度看，应提倡"局部性优先发展战略"，比如竞赛表演业更多的是经济发达地区的优先发展领域，健身娱乐业是经济欠发达地区的优先发展领域。

第二，体育产业结构政策除了体现在确定主导行业、优先发展序列，还表现在不同行业之间的政策导向。比如对幼稚产业的保护和扶植；对主导行业的扶植与培育政策；对衰退行业的援助和政策调整。体育产业结构政策调整可针对一定时期内体育产业发展的整体需要，或从社会目标考虑对某类产业进行干预和扶持。如对体育产业全行业具有潜在发展前景、技术开发存在优势、市场关联度高、盈利前景良好的产品和服务项目,采用保护期限建议和关税保护建议,'及利用非关税手段给予扶持政策。对于科技含量较高的体育器材和装备的生产,应立足国内技术力量和市场,并且集中运用目前有限的贸易保护手段,创造出对替代进口体育产品有一定竞争压力的、适度保护的市场条件。而对尚不具备市场需求的高消费体育建设项目实行有条件的限制,比如对高尔夫球场地建设的审批实行有条件的限制。

4. 我国体育产业的结构政策

(1) 优先发展体育健身娱乐业和体育竞赛表演业

体育健身娱乐业的快速发展是 20 世纪许多国家体育产业发展的重要特点之一,是国家经济发展水平强弱的体现。体育健身娱乐的消费主体是各年龄段居民,由于生活方式的差异,他们的需求也不同。体育健身娱乐业的发展,能满足大众对健身、健美、康复、娱乐等不同层次的需求,使大众获得更多参与体育健身活动的机会。况且,体育健身娱乐业有成本低、投资少、收益快的优势,也能解决就业。

优先发展体育竞赛表演业,不仅可以刺激消费,还能带动其他产业部门的发展。如大型体育赛事的组织和举办,能够极大地推进城市建设,扩展城市整体功能。举办包括球类职业联赛、综合运动会、各单项锦标赛和大奖赛在内的各种体育赛事,可以出售比赛门票、电视转播权、吉祥物、赛场广告和标志产品等,从中获得巨大的经济收益,还能为社会稳定和精神文明建设做出应有的贡献。

体育健身娱乐业和体育竞赛表演业的发展,形成的前向关联和后向关联效应显著,能带动体育信息传播业、体育场地服务业、体育用品制造业和体育培训业的发展,其经济效益是呈指数增长的。从经济发展的理论来看,居民体育服务消费的增长,会对其他地区居民产生辐射、导向和示范作用,成为带动城市居民体育消费的引擎。

(2) 扶持体育场地服务业、体育经纪业和体育金融保险业的发展

体育场地是开展体育健身、举办各种体育赛事的载体和阵地。现阶段,体育健身场地供给不足,许多有体育健身需求的人难以找到活动场所,也成为体育产

业发展的瓶颈。原因有以下方面。首先，许多公共体育场馆隶属体育行政部门，管理方式和经营模式陈旧，所有权、经营权和使用权不清，限制了公共体育场馆的经营自主权。其次，公共体育场馆向社会提供公益性服务，却承担了各种税费，如对大众开放的门票或场租收入的营业税、城建税、房产税、增值税、产业收入税等，造成公共体育场馆额外经济负担过重。最后，缺乏必要的维修资金。正因为公共体育场馆具有社会公益性特征，所以，政府要不断增加投入，确保体育场馆向社会开放。要制定符合我国实际的体育场馆开放政策，如实行积极的财政政策，通过税收减免或返还，促进场馆设备改造和更新，以扶持其进一步拓展功能、提升服务质量。

体育经纪业是体育竞赛表演业和其他部门产业发展的润滑剂和纽带。我国不乏高素质的体育人才和经济管理人才，还需要政府相关部门协调配合，完善体育经纪人管理制度，使我国体育经纪业能在短时间发展壮大，以推动体育产业相关部门的发展。

体育金融保险业与体育产业密不可分，是一个极具潜力的产业部门。应适当提高发行额度的限制，制定科学的规则，保护大众的积极性，提高吸引力，进一步刺激体育金融保险业的发展。

（3）适度发展体育用品制造业、体育培训业和体育建筑业

我国体育用品制造企业众多，体育产品品种齐全，大到保龄球球道、组合健身器的生产，小到乒乓球、羽毛球等用品的生产，但缺乏统筹协调，特别是缺乏有创意的衍生产品。同时，这些企业生产的产品科技含量较低，在一定程度上降低了自身产品在市场上的竞争力。

随着加入世界贸易组织后国内市场的逐步开放，许多发达国家的体育用品纷纷进入我国市场，影响了我国体育用品生产企业的经济效益，使本来就负担沉重的企业步履维艰。另外，一些中低档、小型体育用品生产企业，受到假冒伪劣产品的威胁。况且，许多企业依然沿用传统生产模式，既不做市场调研，也没有市场营销策略，对大众体育需求变化不能及时掌握，更缺乏市场应变力，时常使生产的产品不能顺应需要而造成积压，无法提高企业的经济效益。所以，应该逐步

控制其生产规模，对有科技含量和市场竞争力的产品予以保护，逐步培养和壮大市场知名品牌，抢占全国市场和向国际市场进军。对技术含量低，没有市场生命力的企业逐渐淘汰。

同样，我国体育培训业的发展也良莠不齐。全国各地出现了许多以青少年课余训练为主的体育培训中心或俱乐部，项目涉及乒乓球、羽毛球、足球、排球、篮球、游泳、武术等，以足球最多。这类体育培训中心或俱乐部应该加强管理，慎重审批，控制发展规模，确保其质量。

我国是建筑大国，却不是建筑强国。但随着大众体育健身和体育竞赛表演业的不断发展，及学校体育水平的提高，体育场地建设也迅速增加。近几年，我国体育场地建设企业如雨后春笋，迅速发展，有的是与国外企业合资，有的是国内企业，它们在有限的场地建设需求中进行激烈的竞争，会因中标价格的下压而影响体育场地建设的质量。目前，可整合现有体育场地建筑企业，成立集团公司，或试点成立中外合资的建筑企业，规定外方股权不能超过49%，以提高体育建筑业的竞争力。

（三）体育产业组织政策

1. 我国体育产业组织的发展及其现状

体育产业是一个门类众多、构成复杂的集合体，是一项朝阳产业，具有无限的发展潜力。随着体育产业范围和规模的扩大，体育产业投资主体呈多元化发展态势，其中，非国有体育企业数量迅速增长，私营、外资和中外合资企业成为体育产业发展的一股新兴力量。但是，我国的体育产业还处于初步发展阶段，市场结构是多种产业组织形式并存。目前，根据商业化程度，可以把市场主体区别为3种类型：企业经营型、事业经营型和公益型。

（1）体育市场结构的发展现状

经过几十年的发展，我国体育市场体系初步形成，体育市场主体也呈现多样化特征。根据不同企业的市场集中度、产品差别和进入壁垒，可以反映我国体育产业组织的竞争与垄断程度及其市场形态。

（2）体育市场行为的发展现状

所谓体育市场行为就是体育类企业在市场上为了获取更大利润和更高的市场占有率所采取的战略性行动，包括制定价格战略、产品战略、销售战略、投资战略、研究与开发战略等。各类体育企业所采取的市场行为是由体育市场结构的状况和特征制约的；同时，体育市场行为又反作用于体育市场结构，影响体育市场结构的状况和特征。

在体育市场中，无论是体育竞赛表演业、体育经纪业、体育信息传播业、体育金融保险业还是体育建筑业，各类企业为了获得最大利益，主要是建立价格联盟而不是产品价格战，甚至形成业内约定俗成的价格。

而在垄断竞争的体育市场中，像体育健身娱乐业、体育场地服务业、体育培训业、体育用品制造业、体育商业服务业和体育广告业等部门产业，经过几十年的发展，由"少数企业独享市场利润的买方市场"变成了"更多企业参与竞争的买方市场"。简单的"以销定产"是没有出路的，要去开发和创造市场，依靠自身的实力引导大众消费的发展方向。我国体育用品市场，企业竞争的焦点早已不再是商品的廉价，而是在产品的品牌内涵上下功夫，即从技术、质量、价格到推广和市场开拓等环节，努力提高产品的市场竞争力。

在体育市场竞争日益激烈的今天，各类企业除了合理运用营销组合（产品策略、价格策略、促销策略和分销渠道），就是着力实现企业的联合或兼并，以提高市场集中度，改变市场结构。

企业集团是指相互间具有内在技术经济联系或共同经济利益的多个企业，在自愿的基础上，通过协商，组成不同结合方式的联合体，这是体育产业比较新的组织形式，是市场经济发展的必然产物，是企业为提高市场竞争能力，追求规模化经营，追求多角化经营的必然结果。

从企业集团组成部分之间的联系来看，可分为松散型的联合、半紧密型的联合、紧密型的联合等几个发展阶段。联合而组成集团的目的是发挥整体优势，以企业为核心形成一个集团联合体。集团形成的方式很多，主要有经济协议、经济合同、相互参股、投资、控股，还可以采取承包、租赁、兼并等多种形式，其中股份制的联合形式是目前普遍的形式。大企业的优势来源于组合效应，大企业可以把多个生产和交换环节内部化，从而节省交易费用；大企业可以通过多角化经营组合生产要素，优化资本结构，降低和分散经营风险；大企业还可以通过成本和利润的内部调整节省开支。同时，大企业还会采取合并、收买等方式扩大规模，提高市场集中度。

（3）体育市场绩效的发展现状

体育市场绩效是指在一定的市场结构下，通过一定的体育市场行为，使体育产业在价格、产量、质量和品种及在技术进步等方面所达到的状态。

一般来说，很小比例的企业支配着较大比例的生产要素，形成集中度很高的卖方市场，即大集团支配市场，从而获得超额利润。但这种垄断，由于缺乏竞争者，企业对产品质量、售后服务、技术与新产品开发的关注程度不高，导致带来一定的损失。

体育产业组织的集中程度过高，会削弱企业的活力，降低价格机制在资源合理分配上的作用，并降低生产资源分配的效率。例如，我国的职业体育俱乐部是由体工队发展而来，并在民政部门或工商部门进行了社团法人或公司法人注册，政府或控股企业是投资主体，因此，职业体育俱乐部并非真正自负盈亏的经济实体。由于职业俱乐部具有国家产权性质，政府对俱乐部有较强的保护。因此，俱乐部负盈不负亏，缺乏相应的激励与约束机制，经营压力与动力不足，往往使俱乐部经营不善。

对于我国体育产业的竞争市场，像体育健身娱乐业、体育场地服务业、体育培训业、体育用品制造业、体育商业服务业和体育广告业等，市场集中度低，各类企业间竞争激烈，企业成为价格的接受者，产品价格水平趋于下降并接近产品的平均成本，企业之间在产品种类、质量、技术、销售及售后服务等方面展开激烈竞争，导致企业的兼并、破产与大量新企业的出现。这种市场的新陈代谢，给体育产业发展带来了永远的活力。

综上所述，我国体育产业组织在发展过程中，还存在生产的集中度过低，市场垄断严重的不足。

2. 我国体育产业组织政策目标及其内容

（1）体育产业组织政策目标

体育产业组织政策的目标是在体育产业内形成有效的竞争环境，用竞争促进企业提高经济效益，从而提高体育产业的整体效益。

（2）体育产业组织政策内容

①反垄断政策。

②反不正当竞争政策。

我国对不正当竞争行为概念的界定，体现于 1993 年通过的《中华人民共和国反不正当竞争法》，即指"经营者在生产经营活动中，违反本法规定，扰乱市场竞争秩序，损害其他经营者或者消费者的合法权益的行为。"在体育产业中，主要的表现类型有假冒行为、商业贿赂行为、虚假广告行为、不正当有奖销售行为、诋毁商誉行为、行政垄断和地方封锁行为等。面对新形势下体育产业中产生的许多新问题，如何加强对体育产业中不正当竞争行为的监督与治理，是我们亟待解决的问题。因此，要尽快对现行的《中华人民共和国反不正当竞争法》加以修订、补充和完善；要加强执法管理，严格制裁措施；建立法律监督机制，设立专门的执法机构；特别要建立体育行业的自律体系，强化体育行业的自控效果。

③兼并与合并政策。

我国体育产业集中度低，平均规模较小，致使企业生产成本高，技术创新投入不足，使企业的国际竞争力较低。可以考虑从产业组织政策上重点培养和扶持一些龙头企业，即可以通过股份制改造，合并、兼并与重组，把许多小型体育企业组合成大的企业集团，以扩大产业规模，并通过这些企业集团与跨国体育企业展开竞争。体育企业的合并是指两个或两个以上的独立企业合为一个独立的经济实体，兼并则是一个企业放弃独立的法人地位，被另一个体育企业并入的过程。体育企业的合并和兼并是市场经济和竞争发展的产物。合并与兼并可推动体育资产存量的流动，使体育生产要素向优势企业集中，优化组合，产生规模效益和专业化效益，有利于提高体育企业的组织化程度，也可达到调整体育产业结构的目的。在体育产业发展过程中，体育产业结构转换和体育产业组织演进能推动兼并的发展，另外，兼并也成为体育产业组织演进的重要手段和体育产业结构转换的有力杠杆。体育企业间的合并与兼并可采用以下方法：第一，为了获得体育产品和服务的规模经济，取得一定的市场占有率，相同体育产品和服务的生产企业间的合并；第二，为了控制某部门产品的生产及销售全过程，获得一体化的效益，与生产和销售该产品相关联的企业间的合并与兼并，即产品的后向关联企业和前向关联企业间的合并与兼并；第三，为了实现体育企业的多元化经营或实行跨行业的多种产品组合，降低经营风险，使体育企业获得稳定的利润，将体育产品生产和职能上无任何联系的多家体育企业进行合并与兼并。

3. 我国体育产业组织政策的实施手段

实现体育产业组织政策目标的手段主要有以下三种。

（1）控制市场结构

即控制体育产业的市场结构变动，保障其合理性。主要有依法分割处于垄断地位的巨型企业，降低市场集中度，降低市场进入壁垒。建立企业合并审批制度，对中小企业实施必要的扶持政策。

（2）控制市场行为

即控制企业的市场行为，扼制垄断势力的扩大，保障公平竞争。主要有禁止和限制竞争者的共谋、垄断及不正当的价格歧视。对企业的价格、质量实行全面监督，增加市场信息的透明度等。

（3）直接改善不合理的资源配置

这主要是指政府对"市场失灵"领域的直接干预，政府直接投资于体育基础研究领域，对赢利不多或风险较大的重大技术开发项目提供资金援助，增加对公共体育设施的投资等。

第四章　体育文化产业

第一节　体育文化产业概述

一、文化产业概念的审视

文化产业是一个多维度、多层次、富于包容力的综合概念，目前其内涵和外延在国内外尚未形成统一而权威的定义。从产品的性质角度来看，文化产业是向消费者提供精神产品或服务的行业；从经济过程的角度来讲，文化产业可被定义为"按照工业标准生产、再生产、储存及分配文化产品和服务的一系列活动"；就其产业本质来讲是以知识产权为核心，将原创变成资源开发，将保存变成展示。伴随着知识经济时代的到来，文化产业越来越成为第三产业中最富现代意义的产业，并与娱乐业、传播业、旅游业等新兴技术和产业发展紧密相连的文化复合"产业群"。

（一）国外相关文化产业概念

联合国教科文组织从工业化的标准，按照文化产品的生产、交换、分配、消费等流程，将文化产业定义为按照工业标准生产、再生产、储存及分配文化产品和服务的一系列活动。美国的文化产业是以娱乐产业和版权产业作为总体理念，认为文化产业是指通过商业化和工业化方式进行的文化服务和文化产品的生产、交换和传播。日本从文化产业的产品或服务这个角度认为文化产业是与文化相关联的产业，并统称为娱乐观光业。日本把狭义的文化产业称为"文化载体产业"，指承载文化内涵产品的开发和销售，包括报纸、音乐、游戏、出版、电影、广播电视六大类，并称之为内容产业，突出强调内容的精神属性。英国将文化产业称为创意产业，强调个人的创造性、技能及其智慧。法国则认为文化产业是传统文化事业中特别具有可大量复制性的产业。

美国学者认为，文化产业是指基于教育、娱乐和信息等目的的服务产出，及基于消费者自我肯定、特殊嗜好和社会展示等目的的人造产品的集合。英国学者则从符号学角度，将文化产业定义为以经营符号性商品为主的那些活动，这些商品的基本经济价值源于它们的文化价值。还有学者用一个同心圆来界定文化产业的行业范畴，将文化产业定义为在生产中包含创造性，凝结一定程度的知识产权并传递象征性意义的文化产品和服务。有学者在文化产业的应用研究中引入了"价值生产链分析法"，将文化产业划分为创意的形成、文化产品的生产、文化产品的流通、文化产品的发送机构和最终消费者的接受五个阶段性环节。

（二）国内相关文化产业概念

国内关于文化产业的定义是百花齐放。有学者从系统角度，认为文化产业是一个以精神产品的生产、交换和消费为主要特征的产业系统。有学者将文化产业定义为，以生产和经营文化商品和文化服务为主要业务，以创造利润为核心，以文化企业为骨干，以文化价值转化为商业价值的协作关系为纽带，所组成的社会生产的基本组织结构。有学者认为文化产业是由市场化的行为主体实施的，以满足人们的精神文化需求为目的，提供文化产品和文化服务的生产、分配、交换的一系列活动的总和。根据中华人民共和国国家统计局颁发的《文化及相关产业分类（2018）》，将"文化及相关产业"的概念界定为"为社会公众提供文化产品和文化相关产品的生产活动的集合"。这一定义增强了文化产业的包容性。

综上所述，国内外在文化产业的概念上尚未形成共识，在内涵和外延上都存在分歧。首先，从概念内涵上看，西方国家从文化产品、文化产业中"离析"出"符号性商品"的知识产权价值，紧扣文化产业的特许性的本质特征；又利用文化符号为产业增加"文化附加值"等，扩大了产业范围；还从产业的目的，对文化产业进行了剖析，强调文化产业的服务性，具有文化人类学的特点。而我国的文化产业概念，是基于自身的产业发展状况和产业利益，基于产业统计需要，操作性较强，但缺乏文化产业的文化内涵和市场特征。其次，从概念外延上看，由于西方文化产业发达，产业范围广，产业链完善，文化产品丰富，市场化程度高，使其相关研究更加重视顾客导向，并从生产、销售等各个环节对文化产业进行研究，科学性与实用性相结合，对文化产业的分类较为合理、全面，可操作性也很强。而我国文化产业的产业化程度还不高，文化产品细分不够，尚未形成系统，因此对于文化产业的分类还不完善，缺少文化产品的深层次挖掘与开发，缺乏符号性商品和服务，对知识产权和文化附加值的深层研究较少。

二、体育文化产业概念的界定

文化使体育产业具有了内在价值和丰富的文化内涵，而体育产业的发展又是对体育文化的丰富，进而推动文化产业的发展。体育文化产业是经济体育文化一体化的产物，既具有体育符号特征，又具有文化产业特征，是用产业手段发展体育文化，从体育文化的角度推动经济增长，以体育文化为主要资源进行生产，以经营性方式向社会提供体育文化产品和服务的新兴产业形式。因此，从广义上，体育文化产业可界定为"以提供体育文化服务为主要内容的行为和组织的总和"。国家统计局和国家体育总局在 2008 年 6 月联合颁布的《体育及相关产业分类（试行）》，从统计工作的角度出发，将体育及相关产业的概念界定为：为社会公众提供体育服务和产品的活动，及与这些活动有关联的活动的集合。

体育文化产业作为一种复合产业，是体育文化与产业的融合，一方面使体育的文化范畴衍生出经济的特性，另一方面也使体育产业的经济范畴衍生出体育文化的特性，单纯的文化视角或经济视角都不能反映体育产业的全貌。因此，体育作为文化产业的子系统，既具有文化产业的基本特征，又具有体育的产业特性，体育产业中只有具有"以知识产权实现或消费为交易特征，为社会公众提供文化体验"的那部分内容，才能称为体育文化产业。

基于此，有学者尝试从文化学和产业学的角度，运用价值链理论，结合体育特性，将体育文化产业界定为，以体育文化资源为依托，以经营体育文化的符号性商品为主体，以满足消费者体育文化需求为目标，借助现代管理手段，为社会提供体育文化产品和文化服务的生产、销售、管理、服务等一系列活动过程的总和。体育文化符号价值是体育文化产品的核心和主体,而现代的组织管理体系则是体育文化产业可持续发展的保障,体育文化内涵的外向化则是文化产业化的灵魂与核心。这个概念既从文化学角度体现了文化产业是无形的文化内容的产业化,具有"符号"意义和"文化附加值",强调了文化附加值的无形性;又从经济学角度阐述了文化产业是文化产品和服务的创意设计、生产、销售、服务等一系列活动过程的总和,强调了文化产业的产品性、服务性;同时从文化的物质、精神、制度3个层面对文化产业进行了系统界定。

第二节 体育文化产业的内容与分类

一、体育产业的内容与分类

体育产业是社会发展到一定阶段,为满足人类体育消费需求而形成的产业,是围绕体育产品的生产、交换及消费等环节展开的。但迄今为止,理论和实践界对体育产业的分类一直未能达成共识。科学地划分体育产业是界定体育文化产业的根本和前提。以下为国内外对体育产业的划分。

从国外体育产业划分来看,在澳大利亚、新西兰、日本等国家中,大多数是参照联合国颁布的文件作为国民经济产业划分标准,把体育、休闲产业均列为正式产业。而美国、加拿大等国家,目前尚没有把体育产业列为正式产业,大量体育产业相关的数据统计内容都被统计、划分到不同的产业门类。

国内对体育产业划分有四种不同分类方式:第一种,依据《体育产业发展纲要》中的规定,从体育行政部门角度将体育产业分为体育主体产业和体育相关产业。第二种,从产业功能的角度对体育产业进行划分。第三种,从体育对社会经济的影响和对国民经济的作用角度,认为体育产业不仅包括体育产业,也包括与体育密切相关的外围产业,是一种复合产业。第四种,从体育产品的商品性质和体育产业链角度对体育产业进行分类。

综上所述,体育产业作为朝阳产业和黄金产业,充分利用其体育的特性和优势，加强了与经济、文化、艺术、旅游、科技、卫生等国民经济相关部门的联系与融合，多方面、多层次地满足人民群众对体育服务和体育用品不断增长的需求。因此，体育产业的划分，不能一味地按照三次产业分类的标准，把体育产业作为第三产业的一个部门来划分，体育产业不仅包括向社会提供体育服务的各部门，而且还包括提供有形体育物质产品的生产部门。

二、体育文化产业内涵和分类

（一）体育文化产业内涵

文化系统是由物质文化、精神文化和制度文化构成，在这个结构系统的作用下，产生了现代文化产业。从文化结构形态来说，物质文化结构决定文化产业结构的现代化程度，决定文化产业结构的转型和升级；精神文化结构决定文化产业结构作为一种意识形态存在的时代内容，制约和影响文化产业的发展；而制度文化结构影响着文化产业的结构性调整。

人类的体育文化作为一种肢体语言文化，由体育运动方式反映出来，显示体育的精神意识，伴随体育的科学发明和理论创造，最后升华为体育价值理论。

以此为参考，结合体育特性，将体育文化产品分为体育物质文化产品和体育精神文化产品两大类。但是，体育服装、体育场馆、体育设备等只是体育文化的物质形态，并非体育文化研究的范畴。隐含在体育相关物质形态背后的体育文化符号才是真正意义上的体育文化产品，对体育文化符号的创造和加工，才是体育文化产业核心竞争力。因此，体育物质文化产品不仅指其物质属性，更主要强调其借助体育文化的符号属性而能产生的体育文化产品属性，避免体育文化产业外延的泛化，同时又对体育产业的前向关联进行解释，以保证体育产业系统的完整性和系统性。

体育物质文化产品是指赋予了体育文化符号内涵和意义的体育场所、体育用品，包括凝结了体育文化符号的体育服装、体育场馆、体育器械、体育宣传物等各类物质载体。

体育精神文化产品是指围绕体育消费者需求，以消费者为轴心的行业，它主要包括体育服务产品的生产及销售，包括体育竞赛表演、体育媒介传播、体育设施经营、体育旅游、体育保险等。

从产业经济结构形态来说，文化的价值符号意义赋予了体育物质文化产品的内涵和品牌竞争力，文化的服务和商品属性赋予了体育精神文化产品的娱乐形态，而制度文化的健全则是体育物质文化和精神文化产品效益最大化的保证。

（二）体育文化产业分类

产业是社会分工的产物，体育文化产业的分类是伴随着体育产业的发展而逐步完善的，体育产业产品的需求程度和完备程度是体育文化产业细分的依据。例如，信息时代的来临，产生了信息产业，体育信息需求的加大，产生了体育信息产业。伴随着社会、经济、文化的发展，体育产业的第三产业属性地位将日益重要，其关联带动效益，也将在相关产业中得以凸现。为此，从产业经济学角度，按照产品的产出价值链条，依托体育文化内涵，依据体育文化产品的创意、生产、销售、管理和服务的流程分类如下。

1. 核心层体育文化产业

核心层体育文化产业是指企业或组织对体育符号进行生产和传播，是体育文化的具体内容，比如以大型赛事、节事为依托的节庆产业及体育活动策划、体育康复培训、体育电子竞技等。这些体育符号都表现出了体育文化商品和服务的特性。比赛本身不是核心产品，其核心产品是观众在观看比赛时所获得的体验和愉悦，其内涵是体育的符号性商品和服务、凝结知识产权、传递象征意义。

从国外的体育产业发展情况来看，美国、英国等发达国家体育服务业均超过了体育用品业，其体育竞赛表演、体育咨询服务等核心产业的发展水平决定了相关产业的发展水平。如何提高竞赛水平，提升比赛的观赏性和娱乐性，借鉴娱乐化商品运作模式，挖掘体育无形资产的意识，以此来加强体育文化产业的创新能力，强化知识产权意识，对体育赛事的冠名权、赛事转播权、体育组织的商誉等无形资产进行深度开发，仍需我国相关产业加强学习。

2. 中间层体育文化产业

中间层体育文化产业是指专门为体育内容做传播、广告或经营内容的中介体或者中介活动。电视台、报纸、出版社、经纪人等，都是为体育符号的本质内容获得更大价值提供服务的，都是为体育文化内涵的外向化和产业化提供附加价值。其目的是通过有效组织和策划，对核心层体育文化内容进行包装和销售，以更好地为消费者提供服务。中间层体育文化产业是体育文化产品生产和体育文化产品消费的纽带，是为体育文化核心产品附加价值的组织体和中介活动。其存在形式为体育经纪市场、体育媒介市场、体育中介市场等。

3. 外围层体育文化产业

外围层体育文化产业分为两大类。第一类是体育文化产业的物质载体，如奥运会吉祥物、体育装备、俱乐部纪念物、体育器械等，他们以物质文化载体的形式出现，称为体育文化产业的制造业。体育文化产品的物质载体与普通产品制造业的最大区别是其通过附加的体育文化内涵，达到体育物质产品的价值附加，单纯体育用品制造不属于本文研究的体育文化产业范畴。体育文化内涵的附加，使体育相关产业的价值升值，就可认为是体育文化产业。如何借助体育文化符号，打造自主创新的体育文化产业品牌，加速知识产权的创新力度，创新产品和服务种类，满足多元化的体育健身娱乐消费需求，就成为体育用品制造业附加值进一步扩大的根本路径。

第二类是通过文化符号等赋予体育相关物质载体新的价值，比如有学者以鸟巢为例指出，如果鸟巢开发冠名权和豪华包厢等无形资产，每年可能给鸟巢带来比较可观的收入，这对鸟巢的赛后运营、对奥运会物质文化遗产的保护能够发挥重要的作用。这也为其他大型体育场馆的运营提供了思路。

4. 边缘层体育文化产业

边缘层体育文化产业是为体育产业提供相关支持的产业，如与体育赛事相关的餐饮、交通、通信、医疗等支持行业，这些行业是体育文化产业的前向关联产业，严格意义上不属于体育文化产业，却是体育文化产业结构系统性和完整性的保证。因此，应着力完善社会公共服务体系，逐步建成城市交通服务系统、信息服务系统、应急与救助服务系统、消费者权益保护系统、餐饮系统、购物系统等高、中、低档相结合的体育服务支撑体系。

第三节　我国体育文化产业发展的现状与愿景

一、我国体育文化产业发展的现状

随着世界经济的发展，文化与经济、科技相融合，促使文化产业强劲发展，社会开始由生产、制造商品的社会转变为以提供服务为基础的社会，出现了经济的文化化和文化的经济化这一双重趋势。体育文化产业是以文化为内核的产业，体育文化符号的创造和加工，伴随着社会、经济、文化的发展而发展，体育产业的第三产业属性地位将愈发重要，其关联带动效益也在相关产业中日益凸显。

十一届三中全会提出以经济建设为中心和实施改革开放以来，我国的体育产业悄然开始了自身的萌芽和实践。我国体育文化产业虽然起步较晚，但发展迅速，市场体系的框架日趋清晰，涉及领域不断拓展，产业规模不断扩大，投资日益多元化，产品质量不断改善，产业效益明显增高，已经形成以精神和服务产品为主、独具特色的体育文化产业门类。但和国外体育文化产业相比，我国体育文化产业还存在部分问题，如产业规模小、发展不平衡等，体育文化产业腾飞和繁荣发展还需要一定的时间。

（一）体育文化产业的规模较小

体育产业是文化产业的"朝阳产业"和"黄金产业"，虽然我国体育文化产业发展迅速，但是与发达国家相比，我国体育文化产业规模较小，与发达国家差距较为明显，对国民经济的贡献度还偏低。为此，2010年3月24日，国务院办公厅在《国务院办公厅关于加快发展体育产业的指导意见》中，将制定产业振兴规划的方向瞄向了代表经济发展软实力的体育产业，以期唤醒体育文化产业市场，挖掘体育文化产业所蕴藏的巨大商机。

（二）体育文化产业的品牌较弱

品牌是能给企业带来溢价、产生增值的一种无形资产，企业既能通过品牌取得较大的经济利益，又能获得巨大的社会效益，更是企业发展的主要动力。我国的体育文化产业还存在以下问题。第一，缺乏核心体育文化产业品牌。第二，缺乏以赛事为核心的品牌赛事。挖掘品牌的核心价值，融入中国传统文化元素，推进体育赛事营销和管理创新，借鉴娱乐化商品运作模式，提升比赛的观赏性和娱乐性，提高竞赛水平，培育具有中国特色的体育赛事品牌，并通过打造精品赛事，实现品牌带动赛事推广、赛事服务品牌提升的良性互动，创造具有核心竞争力的体育赛事品牌，是发展体育文化产业的重要途径。

（三）体育文化产业结构不够合理

虽然我国已成为全球重要的体育用品制造基地，但是我国体育产业结构不够合理，体育服务业所占比例较低。我国体育文化产业的核心产业，如体育竞赛表演、体育咨询培训、体育中介服务特别是体育休闲产业发展不足，结构亟待优化调整。再如，从消费项目来看，购买运动服装的人数比例最高，其他依次为购买体育器材、订阅体育报刊和购买体育图书、支付参加体育锻炼和观看体育比赛费用等。

（四）体育文化产业区域发展不平衡

目前，我国体育产业区域发展不平衡，体育产业主要集中在沿海经济发达地区或一线城市，广大内陆地区体育产业发展相对落后。此外，城乡区域体育文化产业发展不平衡。经济发达国家拥有较高的城市化水平，完善的社会保障体系及很高的教育普及度，城乡差别较少，体育产业尤其是体育休闲产业，在国民经济中处于举足轻重的地位。

（五）体育文化产业创新能力不足

"有品牌才有市场，才有附加值，才有竞争力。"体育文化产品的物质载体与普通体育产品制造业的最大区别是其通过附加的体育文化内涵，形成体育物质产品的附加价值。我国国产运动品牌创新能力不足，目前世界体育用品多数是由我国企业加工生产的，但是我国很多体育用品企业追求大而全的产品种类，自主品牌很少，基本都是为国外的名牌产品进行加工，缺乏拥有自主文化产权的独立品牌，体育用品行业挣的大多是"辛苦钱"，专业型人才缺乏、研发投入不足导致我国体育文化产业创新技术、专利、品牌塑造能力较弱，缺乏专利技术和创新技术。拥有强势的自主品牌就意味着拥有了高利润、高附加值和高市场占有率。这就需要培养更专业的产业创新能力，挖掘品牌本身更深层次的体育内涵，开发拥有自主产权的体育创新产品，通过准确的专业品牌定位，借助创新的体育营销能力，打造创新型品牌市场竞争力和影响力。

（六）体育文化产业对传统文化元素的挖掘力度不足

体育文化产业的核心竞争力是创意，好的创意要充分挖掘本民族文化元素，演绎本民族的文化。

儒家文化作为中华民族精神的集中代表，不仅蕴含了中华民族的生活准则、生存智慧和处世方略，更以其丰富的精神资源和独有的文化特质为体育文化产业的创意提供文化素材，如物态的元素、礼仪风俗元素、人物元素、观念元素等。儒家文化体现了民族性与世界性的高度统一，因此，发展我国体育文化产业，既不是单纯地"领养"国外文化元素，也不是纯粹地强调文化的本土性，应以挖掘本土文化元素符号的内涵为基准，融合国外优秀文化基因，用世界语言讲述中国故事，加快中国传统文化的本土全球化进程，在与别国优秀文化基因的融合中打造自己的特色并走向繁荣。

（七）体育文化产业中介薄弱

体育文化产业中介是专门从事体育中介业务的经纪机构，是专门为体育内容做传播、广告或经营的相关中介体。电视台、报纸、出版社、经纪人等，都是为体育符号的本质内容获得更大价值提供服务的，都是为体育文化内涵的外向化和产业化提供附加价值。它们通过有效组织和策划，对核心层体育文化内容进行包装和销售，以更好地为消费者提供服务，是体育文化产品生产和消费的纽带，是为体育文化核心产品提供附加价值的组织体，其存在形式为体育媒介市场、体育经纪市场、体育咨询、体育中介市场、体育策划等。

随着我国体育文化产业格局的优化，尤其是体育健身和相关娱乐业及竞赛演艺业的迅速发展，体育运营商对中介经纪服务的需求也明显提高，此外，随着法律体系的健全，我国体育中介市场的管理将会逐步规范，这也会加大对体育文化产业中介的需求。体育中介及相关服务市场是体育文化产业的"催化剂"，可以催化和盘活整个体育文化产业，是解决长期制约我国体育文化产业发展"瓶颈"的必由之路。一方面，我国专营体育中介机构成长迅速，在北京、广东、上海等经济发达的省市涌现出一批有实力的体育经纪公司；另一方面，我国体育经纪人培训和资格认定工作全面展开，拥有体育经纪人资格从业的机构数和人数都显著增加。但是，当前我国存在经纪人在居间、行纪和代理中行为不规范的问题。与国外体育中介服务水平相比，我国专营体育中介业的发展规模尚小，专业化程度也不高，缺乏具有丰富经验的、专业化的、资本雄厚的大型体育中介机构、咨询公司和策划公司等。

（八）体育文化产业政策不健全

体育产业是公共物品和私人物品的混合，具有较明显的公共物品性质，既需要考虑营利性，还要考虑福利性和公益性，因此，需要政府承担公共物品供给和管理的责任。

体育产业的发展既需要一般的市场经济政策环境，更需要一系列特殊政策的支持。例如，法律法规的豁免、财政拨款、减免税收、土地征用等一系列激励措施。而我国对体育文化产业市场尚缺乏必要的鼓励、扶持和优惠政策。比如，在水、煤、电、气等能源使用方面，休闲体育产业与工业同等对待，多数游泳场馆需要将营业收入的一半用于能源消费。在融资、法规等方面，也与国外存在较大差距。比如，美国政府在体育文化产业中很少投入，也极少采取行政手段干预市场。但通过相应的政策和法律对体育事业给予支持，通过税收、引导性投资等经济政策施加影响，以此鼓励针对体育发展的社会投入，特别是大型体育、文化设施的建设和改造，经过严谨的论证，政府可通过发行债券或批准私营公司发行免税债券等途径来筹集其建设或改造费用。而且，针对职业体育产业发展特质，美国建立了完善的、本国特有的联盟体制，推出了相关的反垄断豁免、劳工法、税收政策和版权保护政策引导机制等相关法律法规。日本政府为鼓励社会体育的发展，通过制定政策和提供基本的设施条件等来刺激国民体育消费。英国和法国则规定，具有慈善机构地位、承担体育比赛的主办单位可享受免税待遇。

（九）体育文化产业价值链不完善

我国体育文化产业运作方式单一，尚没有形成系统的文化产业价值链。价值链是企业从生产到销售所经历的一系列运动成本链。体育文化产业价值就是以体育文化符号和附加值为核心，聚集多个组织部门，围绕体育产业进行服务，再经由体育产业的开展和影响回馈产业系统，提升体育产业系统各链条的价值，进而提升整个产业和产业链的产出价值和社会地位的。

以体育竞赛为例，中国职业篮球联赛由于竞赛水平低、运作能力弱，尚处于有价无市的状态，虽然品牌价值数十亿元，但是各个俱乐部营利能力薄弱，大部分收入仅依靠门票、球场广告、球员的培养等单一产出，而这些产出尚不能实现俱乐部的自身造血功能。美国职业篮球联赛以高水平赛事为核心，以为球迷提供精品赛事为宗旨，采用市场全球化的管理理念，借助现代营销方式，最大限度地挖掘赛事各个链条的市场潜力，通过全球选秀、巡回赛、门票经营、电视制作、转播权经营、广告赞助经营、球员转会经营、球迷产品的经营等一系列产业链条的价值增值来获得巨大成功。

（十）体育文化产业人才不足、缺乏智力支撑

体育文化产业所需人才是一个相对概念，快速发展的体育文化产业需要大量知识储备丰厚、专业能力过硬的专门人才做后盾。体育文化产业门类繁多，涉及体育用品业、体育建筑业、体育设施业、体育科研仪器业、体育服务业、体育彩票业、体育赞助业、体育经纪人业、体育旅游业和体育娱乐业众多领域，而每个领域都需要培养大批专门的人才。目前，我国体育文化产业各领域中的人才供求状况总体呈现求大于供的特点，专业结构不合理、各领域人才比例失调等因素，以及从业人员专业化水平低等结构性矛盾，造成了该行业人才的相对不足。体育人才中经营性人才比例偏低，难以满足体育产业迅速发展的需要，并且随着大众休闲体育健身的蓬勃发展，面向大众尤其是面向基层的专业体育人才缺口巨大。

在学历结构上，高学历、高水平、高级别及多学科复合型人才同样缺乏。体育文化产业发展，人才是关键，"精尖专"体育人才是体育事业和体育文化产业可持续发展的强大后盾。

（十一）体育文化产业开发中传统人文精神的缺失

中华五千年孕育的人文精神，根植于中华民族的生命和心灵，其精神核心是人，是人生，是怎样做一个符合伦理道德的人，其中的天人合一、以人为本、义利统一、自强不息、和谐、仁爱、诚信、公平公正等人文精神成为我国体育文化产业发展的精神支柱。

企业社会责任是指企业在创造利润、对股东承担法律责任的同时，还要承担对员工、消费者、社区和环境的责任。社会的进步，使体育文化产业的发展已超越了简单的对利润、价值的追逐，更要承担起更多的社会责任，强调在生产过程中关注人的价值，强调对环境、消费者、社会的贡献。我国体育用品行业发展迅速，体育企业界对企业社会责任的认知度也在不断提高，不少企业已开始主动摸索兼顾经济、社会和环境影响的可持续发展模式。但是，我国体育文化产业缺失传统人文精神，导致企业社会责任较低、社会美誉度较差。此外，法律法规的不够完善和人文价值的缺失，导致国际体育用品巨头在我中国的社会责任也偏低。如何从中国传统文化中挖掘体育文化产业的经营价值理念，成为我国体育文化产业发展亟须解决的问题。

二、我国体育文化产业发展的愿景

（1）完善的市场体系。

（2）发达的体育竞赛表演业。

（3）成熟的大众体育健身娱乐业。

（4）健全的学校体育教育和竞赛体系。

（5）先进的高科技技术。

（6）健全的法律法规体系。

（7）规范的体育传媒业。

（8）合理的竞赛联盟体制。

（9）体育产业市场国际化。

（10）多元的体育消费新场景。

第五章　我国体育文化产业发展的
SWOT 分析

SWOT 分析法最初源于管理学领域，主要用于对企业发展进行战略分析，是根据企业内部的特有条件进行分析，找出企业的优势、劣势及其核心竞争力。

SWOT 分析法包含四个维度，S 代表优势（Strength）、W 代表劣势（Weakness）、O 代表机会（Opportunity）、T 代表威胁（Threat），其中，S、W 特指内部因素，O、T 特指外部因素。目前，SWOT 分析法已经广泛应用于多个领域。

SWOT 分析法的优点在于考虑问题全面，思维方式包含了丰富的系统思想，它把对问题的"诊断"和"开处方"紧密结合在一起，条理清晰，便于检验，对问题的剖析、规划、决策、管理等更具科学性。

将 SWOT 分析法应用到我国体育文化产业发展中，对我国体育文化产业存在的优势和劣势及机会和威胁进行综合分析，可以更客观、科学地了解我国体育文化产业现状，更深层次地对当前我国体育文化产业存在的问题进行剖析，及时把握我国体育文化产业发展的机遇，从不同角度为我国体育文化产业的可持续发展提供指导和建议。

第一节　优势与劣势因素分析

一、我国体育文化产业的优势因素分析

优势（Strength）是指事物发展对象的内部因素，主要内容包括有利的竞争态势、充足的财政来源、良好的企业形象、先进的技术力量、规模经济、产品质量、市场份额、成本优势、广告攻势等。

我国体育文化产业发展的自身优势在于其依附于五千年来中华民族绵延不断、博大精深的传统文化，这种文化是几千年来积淀形成的独特的中华民族精神和气质，这种精神和气质可以概括为"厚德载物、大象无形"的胸襟和气概。这种绵延不断、世代传承的中华体育文化精神，铸就了我国体育文化产业的优势：第一，我国体育文化具有极强的生命力和凝聚力；第二，我国体育文化具有宏博的地域性和多样性；第三，我国体育文化具有鲜明的主体性和系统整合性；第四，我国体育文化具有独特的东方哲学思想内涵和持久的激励性，具有独特的民族体育文化符号象征。随着现代社会的快速发展，我国新时代体育文化展示出更多亮点和活力。

（一）我国传统体育文化展示出的顽强生命延续力为体育文化产业发展提供了源泉

我国历史悠久，虽然历经朝代更换，但华夏子孙的体育活动文化始终没有中断，各项民族体育活动以顽强的生命力薪火相传、绵延不绝，并不断被发扬光大，例如，流传千年的五禽戏、中华武术等，这是我国体育文化产业能够发展的内在源泉。

（二）我国 56 个民族丰富多彩的地域性传统体育文化为体育文化产业发展提供了广阔的选择空间

在文化全球化发展背景下，一个国家在体育文化上展示出的民族性、传统性将成为该国文化多样性的重要标志。我国幅员辽阔，资源丰富，作为物质文化、精神文化、制度文化及人文文化资源大国，我国孕育出了缤纷多彩的传统体育文化，而这种传统体育文化也为我国现代体育文化产业发展提供了丰富的可开发资源。例如，儒家文化主导的"仁爱""和合中庸""谦敬节制"体育礼仪文化，再如，道家文化主导的道法自然、重人贵生、形神相依、修身养性的体育健身休闲文化，以及以少林、太极、武当、峨眉等流派为核心的健身强体、惩强扶弱的武术文化。

少数民族方面，体育文化节日也琳琅满目，如蒙古族那达慕大会、土家族摆手舞大会、傣族的泼水节、壮族的陀螺节、侗族的摔跤节、藏族的赛牦牛比赛、朝鲜族的跳板等等。这些丰富多彩的民族体育活动和健身理念将极大地促进我国体育文化产业空间拓展。

（三）我国传统体育文化的主体凝聚力为体育文化产业发展提供了品牌塑造保障

我国虽然民族众多，但中华民族的和谐统一始终占据历史的主流，我国传统体育文化虽然千姿百态、各具特色，但展示中华民族鲜明特征的主体体育文化始终具有高度的凝聚力，这种凝聚力也是中华民族对外体育特色的体现，如中国的武术文化、龙舟文化、舞狮文化、摔跤文化、杂技文化、水文化等。这些特色传统体育文化为我国壮大体育文化产业、走国际化发展道路提供了保障。

（四）我国传统东方哲学思想为体育文化产业发展提供了强大的精神动力

中华传统文化博大精深，具有荡气回肠的励志性，中华民族的优秀文化和哲学思维潜移默化地影响着每一位国民，已积淀为国民对于国家和民族的认同感和归属感。作为中华民族优秀文化的重要组成部分，民族传统体育文化也体现了中华民族文化的符号特征，必将为建设具有中国特色的体育文化产业提供精神激励。

（五）我国日益增多的现代体育活动为体育文化产业国际化发展创造了条件

随着我国综合实力的快速提升，我国体育行业逐步实现了和国际接轨。一些国际大型体育赛事相继落户我国，如上海国际网球大师赛、上海 F1 大奖赛、北京奥运会、南京青奥会、香港国际高尔夫赛等。一些现代化健身场馆相继建成使用，如海滨浴场、冰雪运动基地等。一些体育文化传播物品通过图书、报纸、视频资料、宣传画册等被大量发行。这些日益增多的现代体育活动和行为为我国体育文化产业的国际化发展创造了条件。

（六）我国现代体育文化产业初具规模的发展现状为其进一步发展打下了坚实基础

作为文化产业的重要组成部分，体育文化产业正以其独有的特质在文化产业领域里展示出不可替代的巨大价值，其地位和作用日益凸显。有资料统计，目前，我国体育文化产业已具有相当规模，国内从事健身娱乐业、竞赛表演业、技术培训业的体育企业、体育产业经营型机构有数万家。以江、浙、闽、粤地区为代表的体育用品业已经跻身世界体育用品市场，在奥运会及其他一些国内外大型赛事中都能看到中国制造的产品。在当前比较严峻的经济形势下，体育文化产业的发展对我国国内产业结构的调整，对交通、通信、旅游、餐饮服务等行业的发展，对就业机会的提供具有积极的作用。

（七）蓬勃发展的群体体育活动拓展了体育文化产业发展的空间

任何文化产业的发展都离不开文化资源，我国体育文化产业的发展壮大，同样离不开我国历代相传的体育健身理念的积淀和健身活动的身体力行。这种理念的践行和世代传承，最终形成了我国厚实深邃、博大精深、广受喜爱的群众体育文化财富资源。例如，山东菏泽、河北沧州、河南登封、广东佛山等一些全国著名的武术之乡，习武之风盛行，无论男女老少，受家庭或周围环境的熏陶，多能要上一招半式，那些遍布城乡的武术学校、武术流派形成了独特的尚武体育文化。再如，在河北吴桥、河北肃宁、河北霸州、山东聊城、江苏盐城、河南淮阳、湖北天门、安徽广德、天津武清这些杂技之乡，专业场馆暂且不说，普通老百姓在工作或劳动之余也多喜欢耍上几个杂技动作。再如山东胶州、山西忻州、陕西横山等秧歌之乡，每到逢年过节，当地民众披红挂绿，头戴彩巾，兴高采烈地扭秧歌，锣鼓喧天，既健身又怡情，形成了独特的民族体育活动文化。亲历其中、自娱自乐的群众或组织，既是我国传统体育文化的传承者，也是我国现代体育文化产业得以发展的支撑者、消费者。这些坚实的群众基础是我国体育文化产业发展的无形资本。

二、我国体育文化产业的劣势因素分析

劣势（Weakness）是指事物发展对象的内部不利因素，主要包括设备老化程度、管理混乱状况、关键技术缺失情况、研究开发落后原因、资金短缺程度、经营管理差失、产品积压现状、竞争力差距等。我国发展体育文化产业的劣势因素如下。

（一）体育文化产业发展理念尚未广受社会认同

"体育文化"概念是一个新生事物，体育文化的产业化发展存在一些争议。很多人认为体育文化的投入产生的是一种娱乐效应、社会效益，但难以形成高度的经济回报，即使认可体育文化产业的存在，事实上也认为只不过是普通体育产业概念的变相曲解，所有的经济效益、产业成果都是体育产业，所以也没有必要提所谓的"体育文化产业"概念。其实，这种认识是对体育文化、体育文化产业非常错误的理解，这种认识上的误解在很大程度上成为阻碍当前我国体育文化产业发展的劣势。

（二）管理部门专门性政策扶持力度不够

在发达国家，体育文化产业已成为国民经济增长的重要组成部分，这在很大程度上得益于发达国家早期体育发展特定的政策扶持。体育文化产业在我国属于起步阶段，发展过程中难免会遇到各种棘手的问题，这时管理部门给予扶持可能就会促进一个体育文化产业品牌发展壮大，否则可能就会导致失败。当前，我国针对体育文化产业发展的相应规划和扶持计划不足，国外体育发展成功案例或许能给我们启示。

（三）优势体育文化产业资源没有得到合理开发利用

我国是一个体育文化资源尤其是传统体育文化资源丰富的大国，有众多的体育文化资源可以进行产业开发，但现状却不尽如人意。有的体育文化资源被束之高阁，人们没有充分认识到其潜在的产业价值；有的体育文化资源虽然被尝试开发，但开发力度不够；有的体育文化资源经济性产出观念过浓，丧失了体育文化蕴含的社会娱乐效应；有些性质特点相近的体育文化资源出现行业间的无序竞争，缺乏系统性的规划整合；有的体育文化资源因为隶属地域产生争议，导致互相扯皮、均无收获。这些在体育文化产业开发过程中出现的问题，已成为制约我国体育文化产业发展壮大的因素。

（四）行业缺乏打造彰显自我的国际品牌意识

我国不少的体育产品制造公司，在初始经营时，套牌、仿冒、急功近利甚至造假行为严重。

同时，我们还缺乏世界知名的体育文化产业国际领军品牌。虽然目前我国有一批具有较大规模和较高知名度的体育用品生产企业，但基本上主要限于国内经营，企业文化建设也没有引起重视。国际经营理念的不足和国际知名品牌的缺乏成为我国体育文化产业国际化发展的劣势，严重影响了我国体育文化的国际竞争力和国内号召力。

（五）现阶段我国体育文化产业发展的资金短缺

不管是传统体育文化还是现代体育文化，它们的开发都与企业生产机器不同，体育文化产品的开发前期需要大量的资金支持，并且很难产生立竿见影的经济效益，这无形中会影响政府或社会经营实体投资文化产业建设的积极性。究其原因，很大程度上与人们的以下观念有关：体育文化产业开发属于无形资产范畴，资金投入不需太多，即使投入资金，回报也基本上体现在社会效益方面等。

（六）我国传统体育文化发展萎缩

随着近代西方体育文化和现代西方体育文化的双重发展，人们的体育文化价值观念发生改变，传统体育文化受到挑战。我国传统体育文化发展的萎缩将制约我国体育文化产业的发展。

（七）体育文化产业专业经营、管理人才不足

体育文化产业是一种新生事物，其健康、快速发展离不开一批高素质、专业的经营、管理、策划、营销人才。但是，长期以来，我国体育人才的培养基本是按照传统模式进行的，随着我国体育事业管理体制、运行机制的改变，体育文化

产业的经营管理人才严重匮乏，这严重制约了我国体育文化产业的发展。

第二节 机会与威胁因素分析

一、我国体育文化产业的机会因素分析

机会（Opportunity）指发展对象的外部因素，主要包括新产品的开发状况、新市场的开拓情况、新需求的大小与选择情况、外国市场壁垒的解除、竞争对手经营失误等，利用好机会可以促进本身产品或事件发展与壮大。随着我国国民经济实力的增强，我国综合国力不断提高，人们对体育文化精神食粮的需求日益增大，人们的健身意识日渐强化，这一切均为我国体育文化产业的发展提供了机会，主要体现在以下方面。

（一）生活水平提高和社会竞争加快使人们体育消费观发生转变

随着我国社会经济的不断发展，一方面，城镇居民收入显著提高，另一方面，经济全球化进程的加快也使人们的工作节奏加快、竞争激烈，从而产生了多种问题。两者的结合使人们的体育消费观念发生了转变，人们对体育文化产生了由不认可到认可、欣赏、积极参与的心理转变。调查资料显示：老年人在体育消费中目的明确，他（她）们为了获得关于"体育健身、健康咨询"方面的相关知识与信息愿意进行体育消费。另一项调查表明：高级知识分子对体育消费这种社会文化现象认同度更高，超九成的被调查者认为健康投资有必要，有超六成的被调查者认为健康投资非常必要。由调查可以反映出，在现代社会中，"花钱买体育，花钱促健康"已经成为人们更好生存的共识，"健康投资""健康储备"等新型体育消费观在不断深入人心，从当前遍布城乡的健身俱乐部消费群体活动状况可以得到有力佐证。上述变化为我国体育文化产业的发展提供了雄厚的物质基础和消费者基础。

（二）我国文化产业的快速发展及文化发展的国家政策为体育文化产业发展提供了有力支持

进入 21 世纪以来，我国文化产业发展成效显著，根本原因在于文化产业自身蕴藏的巨大的经济活力。从近几年的发展趋势看，文化产业作为后来居上的朝阳产业，已成为我国国民经济发展的重要组成部分并取得了突出的成绩。我国也已经充分认识到文化建设的重要性，相继出台文化事业发展的文件、政策。2011年《中共中央关于深化文化体制改革　推动社会主义文化大发展大繁荣若干重大问题的决定》正式拉开了我国文化建设的大幕，对促使中华民族伟大复兴具有重大而深远的意义，对体育文化产业的辉煌提供有力支持。

（三）中华民族博大精深、源远流长、底蕴深厚的历史文化积淀为体育文化产业发展奠定了雄厚的基础

中华民族具有 5000 多年文明史，在生生不息的历史长河中孕育了众多的文化资源，有博大精深的中原古代华夏帝王文化，有源远流长的孔孟圣贤文化，有深受儒家文化熏陶的齐鲁文化，有尚武强身的燕赵文化，有追求柔美意境的江南园林文化，有向往婉约之美的江南水乡文化，有自强不息的闽粤文化，有独具特色的满、蒙、藏等少数民族文化。这些中华民族伟大文化的精华几千年来展示了强大的生命力、延续性和凝聚力，充分体现了中华民族自强不息的刚健精神、崇尚气节的爱国精神、经世致用的救世精神、人定胜天的能动精神、民贵君轻的民本精神、厚德仁民的人道精神、大公无私的群体精神、勤谨睿智的创造精神等。这些精神对中华民族传统文化的形成具有重要作用，也符合华夏儿女为人处世的特点，具有强大的生命力。这些文化精神积淀也将对我国体育文化产业的发展奠定雄厚的基础。

（四）华夏文化产业的发展现状为我国体育文化产业带来了借鉴

改革开放后，我国文化活动、文化产业迅速崛起。特别是近几年，我国各地文化产业品牌可谓遍地开花、此起彼伏，如曲阜国际孔子文化节、潍坊国际风筝节、青岛国际啤酒节、泰山国际登山节、日照水上运动节、广东国际旅游文化

节、内蒙古满洲里国际冰雪节、峨眉山"冰雪温泉节"、安义金秋旅游文化节、西塘文化旅游节、崂山旅游文化节、三峡旅游节、哈尔滨冰雪节、北京国际旅游文化节，等等。这些琳琅满目、花样众多、丰富多彩的文化节日是我们引以为豪的财富，将对我国体育文化产业的快速发展提供巨大的借鉴与潜在商机。

（五）体育管理与行业层面的不断重视与发展为体育文化产业发展提供了动力

随着国家层面文化发展的规划出台，我国体育管理部门与行业实体也在探索实施体育文化的发展。越来越多体育文化项目的建成投入运营，必将对我国其他体育文化产业的发展起到带动作用。

（六）我国特色文化在国外的广泛推广打开了我国体育文化产业国际发展的大门

随着我国综合实力的增强，中国传统文化开始对世界上很多国家都产生了影响，如儒家思想、道家思想、书画、文字、建筑、雕刻艺术等相继传向日本；而我国儒家思想、明清以后的实学思想及中国文化中的礼教内容等更是在韩国产生重要影响。中国文化对东南亚、南亚一些国家，如越南、缅甸、菲律宾、新加坡、印度尼西亚、泰国等也都产生了深远影响。明朝的郑和下西洋更是将中国璀璨的传统文化推向非洲、欧洲、美洲，中国古代的四大发明对促进西方资本主义社会的形成与发展贡献巨大，《论语》《大学》《中庸》等经典理论对西方启蒙思想家影响深刻。中国特色文化的博大精深还在方方面面影响着世界。

随着中国国际地位不断提高，世界各国对中国文化也在不断地给予认同，在世界各国建立孔子学院是当前推广中国文化的良好方式。其次，中国传统武术文化、中国舞龙文化、中国舞狮文化、中国杂技文化等都已经相继走向世界，充分展示出中华文化的璀璨魅力。目前，"中国热"在国外还在持续升温，中国文化还在不断地向国外输出，这将是我国体育文化产业发展的福音，将会给我国体育文化产业提供国际化发展的重要机遇。

二、我国体育文化产业的威胁因素分析

威胁（Threat）是指发展对象的外部因素，主要包括新的竞争对手、替代产品增多、市场紧缩、行业政策变化、经济衰退、客户偏好改变、突发事件等。随着世界发展不断一体化，人们的思维方式、处事态度、人生观、价值观、发展观等也出现了不以人的意志为转移的各种变化，最终波及了我国体育文化产业。由于以上因素的存在，中国体育文化产业不能做到独善其身，在其发展过程中处于一种阻碍性的威胁。这种威胁主要来自全球性愈演愈烈的经济危机，文化传承环境的破坏，文化挖掘保护力度的缺乏，教育、经营活动中的诚信危机，发展环境的污染，文化产业的无序开发，专业人才的匮乏，地方保护主义当道，缺乏系统发展规划等方面，从而阻碍了我国体育文化产业的发展。

（一）中国传统文化在社会生活中主导地位的衰落

以孔子为代表的儒家文化是中国传统文化的代表，并影响了周边不少国家。但随着新文化浪潮的风起云涌，西方文化理念和"救亡图存"的信念逐步占据人心，儒家的信条与观念在当时的世界观里显得苍白无力，众多的文人、学者乃至寻常百姓表现出了对儒学的放弃和对西学的趋之若鹜。这种文化传承环境的破坏，对我国体育文化产业特别是传统体育文化的发展起到严重威胁。

（二）文化挖掘保护力度的缺乏

中国历史悠久，文化积淀深厚，地上、地下文物众多，国家档案馆、民间群体文化符号资料丰富。若干年来，在我国文化保护中，挖掘后的保护力度不够，也没有充分体现出其内在价值，包括体育文化的整理与开发。有些优秀传统体育文化的开发，仅限于表面层次的整理，缺乏深层次的文化渲染保护、教育启发保护、产业开发保护，这些问题的出现，究其原因，主要表现在缺乏文化挖掘的系统规划、发展资金、挖掘人才、参与群众、市场观念、品牌渲染、现代化科技手段等方面。

（三）经营活动中的诚信危机

诚信是中华民族的传统美德，孔子曾说："民无信不立"，韩非子说："巧诈

不如拙诚"。无论是个人或是公司甚至是政府，都不能不讲诚信。许多老字号的知名企业，为求一时之利，不守诚信，最后落得个破产倒闭的下场，几十年甚至上百年的基业毁于一旦，这是对诚信重要性的佐证。在社会总体利益有限的情况下，利益的供求矛盾比较突出，有些人为了私利，就会牺牲道德来达到自己的利益，欺骗成为不合理牟利的重要手段之一，我国现阶段很多行业都存在着经营诚信缺失的问题，体育产业领域也不例外。这种对诚信的践踏，污染了商业环境，更令人与人之间信任度降低，也是制约我国体育文化产业发展的重要因素之一。

（四）体育文化的无序开发和行业间竞争的不断加剧

随着全球化步伐的加快，国外体育文化对我国产生冲击，国内不同的体育文化也产生激烈碰撞，当前在体育文化产业开发方面存在过度追求经济利益而忽视人本服务的问题。国外方面，如日本的柔道、韩国的跆拳道、巴西的柔术、印度的瑜伽、欧美的健身操等，这些外来体育项目文化经过精心包装和市场营销，遍布大小城市，在外来体育文化的冲击下，能够彰显我国自身特色的体育文化却受到冷落，甚至被束之高阁。国内方面，如太极养生文化、少林武术文化、闽南舞狮文化、岭南龙舟文化、吴桥杂技文化等，这些国内传统体育文化的精髓经过多年的潜心经营，在各自发源地都具有很大市场，但在扩大影响、实现跨区域发展中却面临区域保护的阻碍。在引领现代健身休闲潮流方面，如风靡全国的健身俱乐部的陆续开设，高尔夫球场、保龄球场的不断上马等，由于忽视了协调规划，导致大量场馆扎堆涌入大城市而出现过剩现象。上述区域或者项目体育文化的交互相融、错综纷争局面，极不利于我国体育文化产业的健康发展。

（五）体育市场规模性发展不足、消费人群定位欠准确

伴随我国经济发展，我国体育职业化、市场化、商业化、大众化改革的大幕也逐步拉开，取得了显著成绩。但是与发达国家相比，还有不小差距，发展过程中还存在着这样那样的问题，主要表现在以下三个方面。首先，竞赛表演市场规模过小。继足球之后，篮球、排球、羽毛球、网球等项目相继走向职业化或职业化探索之路，商业性比赛逐渐增多，体育文化产业不断发展。但是，我国各职业

联赛自身的管理机制还不完善，竞技水平停滞不前，商业价值大打折扣，所谓的自主经营、自负盈亏、自我发展、自我约束机制尚未形成，体育企业文化发展尚未真正提到议事日程。其次，健身娱乐场所定位不准。以山东省为例，目前山东省经营健身娱乐场所数量不少，但是，设施较好、服务较到位、档次较高、稍具文化品位的健身场所收费较高，他们针对的多是高收入阶层，大众消费群体一般望而却步。针对普通大众的社区体育场馆、健身设施又限于人力、物力、财力而缺乏对体育文化活动的系统深入组织，从而造成体育文化促进、健身娱乐需求、实际消费失去平衡。最后，体育用品业发展不足。体育产品开发的规模、品牌、自主创新性是促进体育文化产业成功开发的重要支撑。很多企业由于研发能力不强，效益难以保证，为了生存，只好模仿国外品牌，急功近利，匆匆上马，导致企业不能形成自我产品特色。在此状况下，期望一个企业还特别注重体育文化建设则不现实。

第三节　产业发展战略选择

发达国家的体育文化产业已成为其国家文化产业的重要组成部分，并成为国民经济新的增长亮点。因此，我们应充分利用政策契机，以国外成功经验为借鉴，正确面对我国体育文化产业发展中的优势、劣势、机会和威胁，积极推动我国体育文化产业的快速发展。

一、明确发展战略，积极培育规范体育文化产业市场

科学的规划是实践的先导，我国体育文化产业总体上要建立立足各地区特色、整合全国资源、面向世界发展的战略指导思想，走既呈阶梯发展又呈三位一体、协调统一之路。及时调整发展目标，协调发展布局，充分树立国人体育文化产业发展的自觉性和自信心。相关部门要大力宣传体育文化对提高人民生活质量、促进人体健康的重要作用，积极倡导和推广健康向上的体育生活和消费理念，逐步扩大体育文化消费群体。不断开放体育文化市场，建立公开、公正、规

范的体育文化市场准入制度和严格、合理、科学的监督制度。

二、积极整合我国体育文化优势资源，走民族化道路，树立体育文化产业特色

我国历史悠久绵长，文化传承绵延不断，体育文化博大精深，我们一定要充分挖掘、大力弘扬几千年来的优秀体育文化资源，这是我国体育文化产业发展的依托和优势所在。我国体育文化产业发展过程中，应充分发挥民族体育文化的资源优势、区域地理优势和人文优势，大力挖掘民族传统文化娱乐项目，突出文化产业特色，如山东胶东人民喜闻乐见的大秧歌。人们对民间艺术和传统体育项目的喜爱，为企业、媒体扩大宣传力度提供了便利舞台，也为我国传统体育文化产业化提供了巨大的商机。

三、在体育文化产业发展中坚持走可持续发展的品牌模式

品牌是企业竞争力的象征，是发展企业产业便捷、有效的切入点，品牌一旦形成就会受到消费者的持续信赖，并成为消费者的首选。但目前来看，我国体育文化产业品牌无论是知名度、数量、质量还是经营理念上都与国际著名品牌相差甚远。对于我国体育文化产业的发展来说，必须树立驰名品牌经营意识，立足国内，放眼世界。在体育文化产业经营管理中，及时引进国外经营的先进经验，努力打造全球顶级赛事。不断优化体育文化产业结构和体育文化社会资源配置，不断提高体育文化产品质量和商业信誉度，不断完善体育文化产品的宣传、生产、销售、服务和创新，充分发挥民营体育文化企业、民营体育文化资本的积极作用，创造出具有鲜明特色的体育文化产业品牌，增加国际影响力、增强国际竞争力。

体育文化产业的品牌创建有别于其他产品，它应围绕自身文化底蕴做品牌主题，特别是一些不可复制的世界珍贵文化遗产，我们更应注重它们的发展，将其打造成在国内外享有较高知名度的产业品牌。比如山东临淄的蹴鞠、山东曲阜的孔子六艺、河南嵩山少林寺武术、湖北武当山太极拳等，这些活动既是珍贵的世

界文化遗产，又是极富发展空间的体育文化产业资源。

四、建立完善的体育文化产业人才培养机制

现代社会竞争起决定作用的是人才。我国体育文化产业要做大做强，必须加大宣传力度，制定专门的激励机制，增加体育文化产业的吸引力，使更多不同领域的优秀人才加入体育文化产业的发展。逐步建立起一支高水平、高素质、专业型、熟悉市场经济规律的体育文化产业队伍，不断提高我国体育文化产业经营的规模和效益，为发展我国体育文化产业服务，这样才能更好地突破我国体育文化产业发展的瓶颈。

五、完善政策保障体系，激发体育文化产业发展积极性

政策是产业化的根本保证。随着经济文化一体化步伐的加快，各地政府都意识到发展文化的重要性，为深化文化体制改革，促进文化产业发展，各地政府应及时制定、出台本地区文化乃至体育文化发展的政策文件。要在财政扶持政策、税收优惠政策、投融资政策、工商管理和价格政策、资产管理和经营政策、土地扶持政策、人才培养引进政策、消费政策、人员安置使用政策、收入分配和社会保障政策等方面做出规定，使我国的文化乃至体育文化产业发展充分享受到国家政策的阳光扶持。只有有力、有效、有序的政策保障，才能真正促进我国优秀体育文化产业的生根、发芽、开花、结果。对于体现我国体育文化底蕴的项目个体来说，发展过程中，要具有主动出击、跳跃式前进的思维意识。特别在困难条件下，民间体育文化艺术不能依靠"等、靠、求"的生存方式，必须积极探索产业化运作手段，投身市场、立足市场，以市场需求激活自身活力，在市场中寻找生机，增强实力和竞争力。

六、加强区域帮扶合作，构建地区互补发展

华夏大地可供挖掘的体育文化资源丰富多彩，但资源开发利用空间参差不齐、差异显著。有的项目已经形成规模，产生了巨大影响力，取得了显著效益，

有的地区虽有着丰富的潜在体育文化资源，但仍属"杨家有女初长成，养在深闺人未识"。因此，促进我国体育文化产业的发展，必须要有整体思维意识，优先发展起来的项目对尚未发展的潜在项目要起到帮扶作用，后进项目应积极、主动、谦虚地向先进项目学习、取经，学习的对象不仅是体育文化产业发展目标，也可以是文化发展、其他企业发展成功榜样，最终促进我国体育文化产业发展的优劣互补、共同壮大。我国体育文化产业的发展要和国内旅游区域建立合作，借鉴它们的运营经验，利用这些区域旅游人数众多的优势挖掘体育文化产业，如北京、上海、广州、海南、香港、青岛、厦门、杭州等，每年都有大量的国内外旅游者汇集，体育文化产业经营者可以与这些地区旅游公司协商，共同开发广受喜欢的体育文化消费项目。我国不同区域的体育文化产业之间还应建立资源互补的合作关系，实现双方共赢。

七、对我国民族传统体育文化资源实施积极保护

我国一些优秀传统体育文化品牌资源也正面临着消失，如"少林寺""少林功人""太极"等正遭受着其他国家的商标抢注和我们自己对文化的忽略。如果我们不意识到这种文化流失和文化忽略的严重性，将是我国民族传统体育文化乃至民族传统文化的一场噩梦。

第六章 张家界市传统体育文化传承与健身休闲产业发展

第一节 张家界市传统体育文化传承与健身休闲产业发展的关系

一、张家界市传统体育文化传承对健身休闲产业开发的作用

(一) 传统体育文化传承是健身休闲产业开发的资源基础

资源是人们可利用的一切生产生活资料的总称。健身休闲产业可开发利用的资源有很多，在现实生活中，健身休闲产业已开发了较多资源，但是人们对资源开发的认识还不够透彻，往往忽视了当地的人文资源。

传统体育文化，历史悠久，别具一格，为健身休闲产业提供了非常珍贵的资源，为健身休闲产业的开发提供了坚实的基础。传统体育文化传承，促进了健身休闲产业供给侧改革，丰富了健身休闲产业产品及服务体系，对健身休闲产业的开发及发展有着积极的促进作用。

传统体育文化有着历史性、趣味性、文化差异性，这对健身休闲产业消费者有着很大的吸引力。与现代健身休闲项目相比，传统体育项目不仅有着健身性、娱乐性和竞技性，更具有独特性、艺术性和观赏性，有着鲜明的民俗特色。

传统体育项目众多，健身休闲消费者参与传统体育项目，既能满足健身、休闲、娱乐的要求，也能在健身休闲的同时了解传统体育文化及民俗风情，提高文化素养。因此，深度挖掘、合理开发传统体育文化，可以提升地方的知名度，促

进健身休闲产业可持续发展，带动地方经济发展。

（二）传统体育文化传承营造健身休闲产业开发的氛围

氛围是指事物外部的气氛和环境。健身休闲产业的开发必须具有良好的氛围，这对健身休闲产业开发有着举足轻重的意义，是促进健身休闲产业开发并持续发展必不可少的条件。

健身休闲产业开发的氛围在传统体育文化传承过程中已经逐渐形成，传统体育文化传承营造的氛围更多的是指为健身休闲产业开发提供精神动力及心理上的支持。传统体育文化传承营造健身休闲产业开发的氛围的过程，就是人们理解传承和发展的过程，也是传统体育文化传承及健身休闲产业开发达成共识的过程，在传统体育文化传承及健身休闲产业开发的氛围上具有统一性。传统体育文化传承使人们热心于参与传统体育项目，传统体育的健身休闲价值得到充分显现，为人们带来身体、心理上的满足，人们的需求愈加强烈，参与的热情持续高涨，久而久之，人们越来越离不开传统体育健身休闲，形成了积极传承传统体育文化、参与传统体育项目的氛围，从而推动了健身休闲产业的开发。

（三）传统体育文化传承培育健身休闲产业的消费群体

消费群体即由具有相同或相近消费特征构成的群体。健身休闲产业的发展需要市场，需要广大消费者进行消费，而传统体育文化传承的主体广泛，使传承主体成为健身休闲产业潜在的消费群体，无形中为开发健身休闲产业市场提供了支持。传统体育活动的开展，有效刺激了健身休闲产业的消费，且传统体育项目众多，各具特色，能够满足不同消费群体的需求。传统体育文化传承说明了人们对本民族文化的认同，文化认同是一个国家、地区、民族凝聚力的体现及文化传承和发展的基础，同样也是传统体育文化得以传承的重要原因。传统体育文化有着极强的观赏性、娱乐性，随着社会经济水平的发展，人们的生活水平逐步提升，保持身心健康的意识越来越强，健身休闲的消费意识也逐渐提高，这都促进了传统体育文化传承，在不自觉中培育了健身休闲产业的消费群体，带动了健身休闲产业消费，扩大了健身休闲产业消费市场。

（四）传统体育文化传承完善健身休闲产业的基础设施

基础设施是为发展社会生产，满足居民生活需要而建立的各种公共服务设施的总称。健身休闲产业需要大量的基础设施作为保障，如场馆、器材等，没有基础设施，产业发展举步维艰；同样，传统体育文化传承也需要建设基础设施，缺乏基础设施支撑，传统体育项目将无从开展，如大型的集体项目需要专门的场地，表演性的项目需要舞台等。传统体育文化传承中建设的基础设施，能够有效支持传统体育活动开展，为传统体育文化传承提供硬件支持，在传统体育文化传承中大有裨益，推动了传统体育文化传承成效，而为传承传统体育文化建设的基础设施，同样可以在健身休闲产业开发中发挥其作用，为健身休闲产业开发提供支持，避免了健身休闲产业基础设施重复建设，为产业的开发节约了大笔成本。基础设施共建共享，充分发挥了基础设施在传统体育文化传承与健身休闲产业开发中的互动作用，体现了传统体育文化传承及健身休闲产业互动发展的关系。

二、张家界市健身休闲产业开发对传统体育文化传承的作用

（一）健身休闲产业开发拓宽传统体育文化传承的途径

此处途径指为使传统体育文化得到继承和发展而采取的方法。健身休闲产业开发对于传统体育文化传承来说，有着非常积极的作用，能够丰富传统体育文化传承途径，有效提升传统体育文化传承效果。传统体育文化传承具有促进社会政治、经济、文化发展的功能，能够加强民族文化认同感，增强民族凝聚力，促进族群之间及人与人之间交往、团结，维持社会和谐发展，丰富群众精神文化生活，形成积极的生活方式及精神面貌，提高群众整体素质，对构建和谐社会、建设新农村、促进全民健身、促进经济发展等有着重要价值。目前，传统体育文化传承主要有家族传承、学校传承、宗教传承、师徒传承、社团传承等途径，但要想更好地传承传统体育文化，还需要找出更多的传承途径。传统体育文化具有的健身娱乐价值，在旅游业中已经发挥出了巨大的经济价值，同样，传统体育文化传承也可在健身休闲产业中进行开发，通过消费者消费健身休闲产业产品及服

务，进一步促进传统体育文化传承。

（二）健身休闲产业开发增强传统体育文化传承的意识

意识是指人所特有的一种对客观事物的高级反映形式，是个人心理发展到一定阶段的现象，是人脑的机能和属性。传统体育文化传承与健身休闲产业有着高度的关联性，传统体育文化传承能够促进人们健身休闲产业消费氛围的形成，同样，健身休闲产业开发也能增强群众传统体育文化传承的意识。健身休闲产业通过加大传统体育文化项目开发力度，并对传统体育项目加以创新，使其在保留民族文化内涵的同时，适当赋予现代文明，增添更多的健身、休闲、娱乐、趣味、观赏性等价值，为消费者提供传统体育健身休闲产品及服务，满足不同消费群体健身休闲及文化体验的需求，使消费者在健身休闲的过程中产生传统体育文化的认同感，并积极参与传统体育文化传承的实践。健身休闲产业开发使得消费者有意或无意地受到传统体育文化的熏陶，让更多的消费者能够了解到传统体育文化，意识到传统体育文化传承的重要性，提高了群众传承传统体育文化的积极性。

（三）健身休闲产业开发扩大传统体育文化传承的主体

人民群众是传统体育文化传承的主体，任何文化的传承及发展都离不开人们的参与。传统体育文化传承的主体一般是当地居民，外地人很少成为传统体育文化传承的主体，并且由于传统体育文化底蕴深厚，包含了生产生活习俗、对祖先的崇拜等文化，大量年轻人由于自身个性特点，很难静下心来学习、继承和弘扬传统体育文化；此外，受到现代娱乐文化的冲击，很多年轻人对传统体育文化失去兴趣，转而投入现代娱乐项目，最终导致了传统体育文化传承的主体数量逐渐减少。健身休闲产业开发，是扩大传统体育文化传承主体的契机，健身休闲产业开发传统体育项目，能够吸引大量的外地消费者，使其有机会接触张家界市体育文化，感受传统体育文化的魅力，逐渐增加对传统体育文化的热情，加之对张家界市传统体育文化进行宣传，使更多的人成为传统体育文化的传承主体。

（四）健身休闲产业开发为传统体育文化传承提供经济支撑

传统体育文化的经济价值是其成为健身休闲产业开发资源的基础，健身休闲产业开发丰富了传统体育文化传承途径，也为传承传统体育文化提供了经济支撑。传统体育文化传承经费需求量极大，组织管理、宣传、场地租借、器材制作和购买、工作人员费用等各个环节都需要经费，而目前农村地区传统体育文化传承经费来源比较少，政府只能提供一部分费用，很多时候需要村民去企业拉赞助，甚至有时还需要村民自筹，这无疑增加了村民的经济负担，也阻碍了传统体育文化传承和发展。健身休闲产业开发能够促进区域经济增长，拓宽经费来源，对传统体育文化的继承和发展提供经济支撑，使传统体育文化传承有了物质保障，使传统体育文化传承及健身休闲产业开发两者有机互动，共同发展。

第二节 张家界市传统体育文化传承与健身休闲产业发展的现状

一、张家界市传统体育文化现状

（一）张家界市传统体育基本概况

传统体育即在传统节庆时开展的体育活动，多以当地传统体育项目为主，传统体育活动与各族人民养成的生产生活方式、娱乐活动、宗教信仰、祭祀活动等方面息息相关。张家界市属于多民族聚居区，各民族不同的文化底蕴使当地传统节庆数目繁多，各民族传统体育文化百花齐放。由于各地区各民族传统节庆的文化内涵不同，传统节庆的主题也不尽相同，因此传统体育活动内容在各个地区各个民族也有所区别，甚至同一个传统节庆在不同地方开展的体育活动都不一样，这也是传统体育活动项目繁多、形式多样的原因之一。

通过访谈和查阅文献资料得知，张家界市每个月都有传统节庆，有些传统节庆会在一年里开展几次。我国是一个以农业为主的国家，人们的生产生活方式随着季节而改变，传统节庆的形成与人们耕作的农时季节、劳作休息相适应，因此，传统节庆在农闲时较多，而农忙时节庆较少。七月份天气炎热，不利于进行生产劳作，人们闲暇时间也随之增多，因此，节庆数量也稍多。

张家界市特色鲜明的传统节庆的形成，主要与文化认同、自然环境等相关。与自然环境相关的传统节庆如端午节，端午节开展龙舟赛需要水面较宽、水流平缓的河流。因此，张家界市盛行龙舟赛的地区是永定区和慈利县，而两地的端午节又有着不一样的特色。

传统节庆多与祭祀、庆祝有关，在节庆时以歌舞的形式表达人们对神明的敬仰，对先祖的思念。各个传统节庆都有体育活动的影子，常见的有舞龙、舞狮、花灯、仗鼓舞、茅古斯、摆手舞等，除了民族传统体育项目，还有现代竞技项目和健身休闲项目。如在春节期间举行篮球赛，庙会期间举行自行车赛、越野赛，中秋节期间举行广场舞赛等；各旅游景点也组织开展广场舞、马拉松、平板支撑等群众喜闻乐见的现代体育项目。而各民族的重大节庆，则多以该民族传统体育项目为主，往往影响最大、最吸引外地群众的也是这些具有民族特色的传统体育项目。在多个民族都有的传统节庆中，各地体育项目有所差异，特色不一，但也处在相互融合的状态。

（二）张家界市传统体育文化列入非遗项目名录状况

非物质文化遗产蕴藏着传统文化的根源，保留了民族文化的原始状态，充分展示了各民族智慧，是民族文化的精华，保护非物质文化遗产，就是传承民族文化精神。传统体育文化列入非物质文化遗产项目名录可以视为是对濒临消失的民族文化的抢救，在一定程度上能够体现出该民族文化传承、保护和发展的状况，是传统体育文化的有效传承手段。

张家界市传统体育项目列入非遗项目名录的较多，但在申报非物质文化遗产工作方面比较落后，需要进一步做好国家级、省级、市级、县级非物质文化遗产申报工作。

（三）张家界市传统体育骨干列入非遗传承人状况

张家界市传统体育骨干是指在传统节庆期间体育活动的组织者、责任人或者起着重要作用的带头人，骨干对传统体育活动的策划、组织和活动流程了然于心，体育活动能否开展，开展效果如何都和骨干有着较大关系。非物质文化遗产传承的实质就是文化的传承，传承人或传承群体则是非物质文化遗产传承的主体，是非遗项目技艺的重要承载者和传递者，传承和创新非物质文化遗产是非遗传承人的重要任务，既要把自己所掌握的非遗技艺、技能和本领传授给他人，又要在传承中不断创新，使非遗因为创新而更有活力。传统体育骨干在某种意义上同样是传承主体，有着和传承人一样的作用。

总体来说，张家界市传统体育骨干及传承人数量较多。张家界市传统体育项目丰富，形式多种多样，具有很强的民族特色，是当地群众在传统节庆中重要的娱乐项目，传统体育能够展示各民族的精神面貌，是人们聚会交友、放松娱乐的重要方式。传统体育中有很多都是集体项目，平时的训练、活动表演等都需要骨干来组织。因此，传统体育骨干及传承人是各项体育活动的主要组织者。

（四）张家界市传统体育文献典籍整理保护状况

传统体育文献典籍是指记录传统体育文化的一切载体，包括书籍、音频、录像、照片等。文献典籍记录传统体育文化的起源、发展和变迁，是记录和传播传统体育文化的有效手段，相关文献典籍的保存也反映了传统体育文化的传承状况。通过对张家界市传统体育文献典籍整理保护情况进行相关调查得知，张家界市民间保留传统体育文献典籍的数量很少。在走访过程中，在各个乡镇政府宣传栏也看到简单介绍，但农村地区受经济、知识水平、科技的影响，文献典籍的书写及保存都存在问题，即便是有文献典籍，也是通过手抄本记录，民间传统体育文化的传承多是以口传面授形式进行，相关的文献典籍很少，近年来，手机的普及使得相关视频保留较多。图书馆是专门收集、整理、保存、传播文献并提供利用的科学、文化、教育和科研机构，图书馆的社会职能使各图书馆保存的相关书籍比较多。

（五）张家界市传统体育活动场地器材状况

场地器材是开展传统体育活动必不可少的条件，张家界市传统体育活动多数是本民族传统体育项目，大部分项目对场地器材的要求不高，方便开展。调查结果显示，曾在景区参与传统体育活动的人数最多，曾在学校参与过传统体育活动的人数位居第二，在广场参与过传统体育活动的人数位居第三，其他参与传统体育活动的场地依次是公园、公路、专门节庆活动区、集市，除了"其他"选项，最少的是集市。

分析得知，张家界市为传承传统体育文化，提供了很多活动场地，并且修建了专门的活动区支持传统体育文化的传承。活动选择在景区举办既可满足当地人民的生活需要，传承民族传统文化，又利于传统文化向外传播，使外地游客到张家界旅游，不仅可以游览美丽的自然风光，还能体验独特的人文风情，这对游客有着较强的吸引力，而且丰富了传统体育文化的受众。总而言之，张家界市传统体育活动举办场地丰富，为传统体育文化传承提供了物质条件。

器材是体育活动开展的必要条件之一，没有器材做物质基础，体育活动会显得黯然失色。调查结果显示，张家界市拥有的传统体育器材数量多，内容丰富，其中花灯数量最多，其次是竹竿、毽子、武术器材等。分析可知，张家界市传统体育活动器材可自制的较多，这些项目的器材制作方便，材料易得，且不需要花费精力财力维护，并且这些项目的趣味性较强，竞技性较弱，参与的门槛较低，开展起来较方便。舞狮等项目专业性更强，器材的制作困难，购买这类器材花费较大，而且需要经常修理，所以这类器材的数量较少。总之，张家界市传统体育活动的器材比较丰富，活动的开展有了器材的保障，对传承传统体育文化提供了支持。

（六）张家界市传统体育的经费来源状况

经费是传统体育活动开展的经济保障，没有经费支持，犹如"无米之炊"，传统体育活动就无从开展。开展传统体育活动，需要购买器材和服装、租借相关设备、进行活动宣传、演员补助等，这都离不开经费支持，经费影响着传统体育活动开展的规模和效果。张家界市传统体育活动经费来源广泛，主要以政府拨款为主，其次是村民自筹、企业赞助。近年来，国家非常重视国民健康和优秀文化传承，出台了一系列文件，倡导开发特色运动项目，丰富全民健身活动体系，促进优秀文化的传承，因此，各级政府在落实政策的同时加大对传统文化传承及全民健身的经济投入，鼓励企业投资，对传统体育文化的传承做出了很大贡献。但政府主要出资举办影响力比较大的传统节庆，忽视了农村地区和规模小的传统节庆，农村地区举办传统节庆经费压力较大，阻碍了部分传统体育文化的传承。

（七）张家界市传统体育组织主体状况

传统体育组织主体是指对传统体育活动进行计划、组织、协调、指挥控制的机构或团体。组织主体能够体现全社会不同人群对传统体育活动的重视程度，是传统体育活动开展和传承的关键。调查结果显示，较多数的被调查者表示各级政府是传统体育活动的组织主体，较少数的被调查者认为社会体育组织是传统体育活动组织主体，另外，还有大部分被调查者认为社会团体和企事业单位是传统体育活动的组织主体，还有部分被调查者认为体育骨干和传承人也是组织主体。分析得知，各级政府对传统体育活动的开展很重视，通过积极开展传统体育活动推动全民健身事业的发展，促进优秀传统文化的传承。体育社会组织作为组织主体，如体育协会，通过组织群众参与传统体育活动，扩大自身影响，吸收更多的群众参与。随着张家界市全域旅游的发展，传统体育活动的发展与各级政府部门、社会组织的关系越来越密切，旅游经济的发展推动了传统体育活动的开展，而传统体育活动又带动旅游业的开发；另外我国全民健身事业的发展促进了传统体育活动的开展，传统体育活动丰富了全民健身活动体系。为提高国民整体素质，促进经济全面发展，各级政府需要统筹当地各种资源，充分开发利用传统体育活动。

（八）张家界市传统体育活动的参与人群状况

参与人群是传统体育活动的主体，参与人群对传统体育活动的开展有着一定的影响，参与人群越年轻，则传统体育活动越有活力，对传统体育文化的传承越有利。通过分析张家界市的参与人群年龄层次可以发现，市区以中年人最多，县区则以老年人为主。市区和县区经济发展不平衡使两种地区参与传统体育活动的主要人群不同，县区因经济发展较慢，许多年轻人外出打工挣钱，家中只有老人、儿童；市区交通发达，主要景点在市区，每当开展传统体育活动时，游客也会参与其中，游客以中、青年为主，老年人较少。

（九）张家界市传统体育活动练习情况

练习情况包括练习人数和练习天数。练习人数体现了传统体育传承的主体数量，练习天数是指人们为了参加传统体育活动竞赛或表演，在活动开始之前的练习、准备时间。练习情况能够体现人们对传统体育活动的重视程度，能够增加传统体育活动的精彩程度，扩大传统体育文化的影响力，促进传统体育文化的传承。调查得知，超过一半的受访者参与过传统体育活动。分析得知，受场地器材及项目自身性质的影响，部分项目对场地器材的要求较低，人们有条件进行活动前的充足准备，故而在活动之前准备练习的时间较长。还有一部分项目比较简单，不需要花费大量时间准备。

二、张家界市健身休闲产业资源拥有及产业开发状况

（一）张家界市健身休闲产业资源拥有状况

张家界市自然资源和人文资源丰富，都可用作健身休闲产业的资源进行开发，自然资源包括地质地貌资源、水体资源及空中资源。

地质地貌资源方面，地质地貌学专家认定张家界石英砂岩峰林地貌称为"张家界地貌"，专家们一致认为"张家界地貌"不同于喀斯特、雅丹和丹霞等地貌，这种地貌类型在世界上绝无仅有，无可复制，这种地貌景观充分体现了作为世界级地质公园应具有的系统性、完整性、自然性、优美性、稀有性和典型性。"张家界地貌"包含的山岳峰林作为健身休闲产业资源具有丰富的利用价值。水体资源方面，张家界市水体资源丰富，可以满足绝大多数人健身休闲的需要。空中资源方面，依附于张家界市独特的地貌，张家界市空中资源有极大的开发价值。张家界天门洞、张家界大峡谷等曾开展过较多空中项目，高空走钢丝、翼装飞行、高空跳伞、特技飞行等都曾在这里上演，张家界市空中资源因为有了天门洞的存在而有了更大的吸引力。

人文资源可分为节庆赛会资源、体育健身资源、宗教文化资源、历史古迹资

源、场馆设施资源及其他资源。节庆赛会资源方面，张家界市民俗节庆丰富，特色鲜明，每次传统民俗节庆都能吸引周边地区游客参与。体育健身资源方面，健身休闲离不开体育项目，其中不乏民运会正式比赛项目及非物质文化遗产项目，丰富了张家界市健身休闲产业资源。另外，现代体育项目也是开发健身休闲产业的资源基础，如篮球、羽毛球、高尔夫、游泳、攀岩等。宗教文化资源方面，每年都吸引着众多信众、游客前来，游览宗教圣地、体验宗教活动对于现在快节奏生活的人们修身、养性、减压有着独特的效果。张家界市的历史古迹资源以贺龙故居、贺龙纪念馆、湘鄂川黔革命根据地纪念馆为代表，人们通过参观遗址和文物、参与仿古体育竞技、体验先辈健身方式达到健身休闲的目的。场馆设施资源方面，场馆设施是健身休闲的基础，张家界市的健身会所、体育馆等场馆设施为健身休闲产业提供场所。其他资源包括与养老、健康、农业、林业等有关的项目。

总体来说，张家界市健身休闲产业资源丰富、品种多样，具有强大的吸引力，有着较高的品位，以自然资源为主，人文资源具有较大的挖掘潜力，但开发条件仍受到限制。

（二）张家界市健身休闲产业开发的主体

产业开发主体一般是政府、企业和个人，张家界市健身休闲产业开发是多个主体主动参与的结果，开发的主体不同，健身休闲产业开发的目的也就不同。在健身休闲产业开发的初始阶段，一般由政府部门领头，政府在健身休闲产业开发中起着指导作用。健身休闲产业刚刚起步时，政策支持较少，产业的基础设施建设落后，健身休闲产业的开发需要必要的物质基础和设施做保障，这就需要政府部门完善当前健身休闲产业开发存在的漏洞。在政府部门的指导下，采取各种方法和措施，放宽健身休闲产业开发条件，开放健身休闲产业资源，引导和扶持健身休闲产业开发，创造良好的开发环境，有目的地、选择性地开发健身休闲项目，从而推动健身休闲产业全方位发展。企业在健身休闲产业开发取得的经济效益，是以市场导向为基础的，通过合理利用健身休闲产业的资源，为消费者提供良好的产品和服务，满足不同消费者的要求，获得经济效益。企业在政府的积极引导下，全面发挥市场导向功能，政府与企业等开发主体协同工作，有时甚至还需要网络媒体、旅游机构的共同参与。个人以发展经济为目的，在政府的引导下，也积极参与健身休闲产业开发。

（三）张家界市健身休闲产业的开发模式

开发模式即企业在自己独有的文化、经济、历史背景下形成的发展方向，包括其结构、思维、体制和行为方式等方面的特点。开发模式影响着企业的发展方向及经济效益，也影响着健身休闲产业整体的发展成效。张家界市健身休闲产业开发模式多元化，近年来，到健身房健身的浪潮依然没有减弱，各种健身房成为健身休闲产业的主要组成部分。另外，张家界市旅游业发达，近年来体育旅游的崛起，构成了健身休闲与旅游业融合发展的现状，两者融合发展整合了资源，优化了资源配置。主题自驾、温泉保健、漂流、滑索、徒步等既满足了消费者旅游的需求，也满足了健身休闲的需求。张家界富有特色的节庆文化是吸引消费者的另一重要因素，消费者参与民俗节庆活动，既可以观赏传统项目表演，也可以体验到别致的民俗节庆文化。因此，健身休闲产业要改变传统的开发模式，充分利用资源，有效开发，实现资源利用的最大化。促进产业互动融合发展，支持景区开发体育旅游项目，鼓励各大旅行社结合健身休闲、传统体育赛事活动等开发产品和服务，推动健身休闲与旅游、文化、健康、养老、农业等互动发展。

（四）张家界市健身休闲产业开发的产品

产品是指向市场提供的，能满足人们某种需要的物质产品和非物质形态的服务。产业开发的价值在于可开发的产品和服务，可开发产品越丰富，才能越满足更多消费者的需求和利益，才能更好地促进产业发展。张家界市健身休闲产业开发的产品丰富，呈现多元化趋势。首先是企业生产的有形产品，如各种运动器材和服装装备。其次是企业提供的无形服务，健身休闲产业发展的早期，各种健身房是健身休闲产品供给的主要主体，为消费者提供现代常见项目的健身指导和服务。目前，各健身房提供的产品和服务逐渐丰富，除了提供传统的体育健身服务，将有氧健身服务深度开发，包括动感单车、韵律操、瑜伽等，除此以外，健身房还是消费者看书、交流、会友等首选之地。随着消费者健身休闲需求的不断提高，消费者开始追求时尚刺激的户外运动，如登山、露营、攀岩等山地运动，漂流、帆船、潜水等水上运动，汽车拉力赛、自驾游、山地越野等汽摩运动，热气球、翼装飞行、运动飞机等空中运动。随着文化生活的丰富，消费者的精神需求也在不断提升，消费者对民族特色运动的需要在逐渐提升。另外，企业还开发了各种类型的衍生产品，可分为观赏类产品、体验类产品及衍生类产品。

（五）张家界市健身休闲产业的客源及消费行为状况

1. 张家界市健身休闲消费者工作和生活的区域

根据消费者所处的区域位置，结合消费行为了解不同地区消费者的经济水平、消费能力和消费习惯，抓住消费者消费心理，对改进健身休闲产业开发方向有着重要作用。随着社会经济、文化的发展，本地消费者健身休闲的需求不断提升，健身休闲的方式也在不断改变，特别是青年男女，男生为了强健体魄，女生为了追求完美的身材纷纷进入健身房。网络时代的来临，电竞游戏也成了青年人的休闲的选择。另外，张家界旅游业名声在外，吸引了大量外地消费者前来旅游观光，在各大景区参与健身休闲活动，除了自然景观的吸引，具有张家界独特风味的民族文化也吸引了消费者，白天在景区游玩之后，晚上再到市区看一场民族特色的文艺表演，是大部分消费者所喜爱的方式。

2. 张家界市健身休闲消费者性别、年龄特征

消费者的性别、年龄是消费者特征的重要部分，统计消费者性别、年龄能更直观地体现不同消费者的消费能力，也能反映不同性别、年龄阶段消费者的不同问题和需求。年龄对消费行为的影响不容忽视，不同年龄的消费者人生阅历、社会环境、生活习惯的不同，使不同年龄消费者的消费需求、偏好、行为有所区别，不同年龄消费者喜欢的项目也不尽一样，比如说年轻人有个性有活力，精力充沛，喜欢追求时尚项目，中老年追求健康，喜欢参与激烈性较小的项目。

3. 张家界市健身休闲消费者学历水平、职业、月均收入特征

学历水平即受教育程度，受教育程度越高，对事物的认识越全面、深刻、透

彻，甚至改变消费者的人生观和价值观，学历水平对消费者的消费行为影响比较明显。高学历人群的文化素养较高、知识面广，对自身各方面都要求严格，渴望自己变的更优秀，对外界保持一定的新鲜感。而且大部分高学历消费者比低学历消费者的工作收入和生活条件相对更好，有更多的时间参与健身休闲活动，生活方式和行为习惯更加合理健康，消费目标更加明确。

消费者的职业和月均收入对消费行为有着至关重要的影响，学历水平、职业和月均收入存在一定的联系，往往职业不同，月均收入也不同，对健身休闲活动的选择也不同。调查显示，自由职业者是健身休闲的主要消费人群，自由职业者时间自由，有充足的时间参与健身休闲活动；另外，学生也是健身休闲产业的主要消费者，尤其是大学生，他们学习压力相对较小，时间充足且自由，有活力，喜欢体育健身活动，节假日进行健身休闲非常符合大学生的个性特点，但由于没有独立的经济来源，所选择的健身休闲活动都是花费较小的项目。企业单位人员也属于高收入人群，但是时间受到限制，工作压力大，身体健康问题越来越多，很多人已经意识到健身休闲的重要性。总而言之，张家界市现阶段健身休闲产业市场广阔，消费潜力巨大。

4. 张家界市健身休闲消费者消费目的

消费者健身休闲的目的体现了消费者有健身休闲的意识和需求，从侧面体现了健身休闲的价值。随着经济快速发展，人们经济水平越来越高，消费形式发生了重大改变，人们已不用担心温饱问题，除了支撑基本生活保障，还能有富余资金投入其他活动。长久的超负荷工作，使人们的工作压力越来越大，人们需要释放的途径，健身休闲能够满足人们增强体质、消遣娱乐、放松减压、修身养性的需要，因此，健身休闲成为人们释压的有效方法。文化体验也是广大消费者的消费需求，张家界市民族文化繁荣，传统节庆文化活动内容丰富，开发了大量传统文化产品，满足了很多对文化有兴趣的消费者。

5. 消费者在张家界市参与体验的健身休闲的项目

消费者参与体验的健身休闲项目真实地反映了消费者的消费需求，特别是消费者未参与而又想参与的项目，这为健身休闲产业产品开发提供了有力依据。调查结果显示，除了日常体育健身项目，当地富有民族特色的传统体育项目也是人们健身休闲的选择，大部分本地消费者未参与而又想参与的项目几乎是户外运动；外地消费者在张家界市参与的项目恰好与本地消费者相反，参与的多是户外运动，而未参与想参与的户外则主要是民族特色运动。

在我国相关部门颁布一系列政策之后，户外运动、民族特色运动得到了很大的发展，企业纷纷加大了相关产品和服务的开发力度，各大景区充分利用资源开发体育旅游，为消费者提供优质的产品及服务。本地消费者经常参与日常健身运动，接触、参与当地特色项目的机会比外地消费者更多；而外地消费者到张家界旅游，经济实力相对较好，参与了大量收费健身休闲活动，包括户外运动和民族体育表演，为张家界市健身休闲产品的开发提供了指导意义，如部分外地消费者表示，想在张家界蹦极，而张家界蹦极还没有开发，所以张家界健身休闲产品和服务体系还需不断完善，开发出更多符合消费者需求的健身休闲项目。

6. 消费者健身休闲的场所

场所是健身休闲的基础条件，大部分健身休闲活动需要场地的保证才能顺利开展。消费者健身休闲场所的选择为张家界市健身休闲产业开发提供依据，对准确的进行健身休闲场地设施的建设、开发符合消费者需求的健身休闲项目有着指导作用。调查结果显示，首先户外场所是受访消费者选择最多的地方；其次是旅游景区和自己家里，两者所占比例相同；再次是健身俱乐部；最后是体育场馆，没有消费者选择在酒店进行健身休闲活动。

通过分析得知，户外场所相比于室内更空旷，没有压抑感，更容易让人放松，身心愉悦，所以大部分消费者更青睐于在户外场所进行健身休闲。景区风景优美、空气清新、资源丰富，近年来，体育旅游充分利用了景区资源，开发了大量的体育旅游项目，其丰富、时尚、刺激的活动，对消费者有很大的吸引力。在乡村振兴的背景下，乡村农庄应运而生，不少村民抓住机会，开发健身休闲服务，休闲与农业相结合的方式让乡村农庄成为人们修身养性的主要地点。部分热爱健身休闲的消费者也会购买健身器材放在家里，方便自己随时健身，也有部分消费者通过看电视、上网、玩游戏来释放压力。能够提供健身休闲服务的酒店一般收费都较高，虽然人们健身休闲的意识越来越高，但受消费能力的影响，一般很少选择在酒店健身休闲。

7. 消费者健身休闲的时间特征

准确把握消费者集中进行健身休闲活动的时间，可以为张家界市大力发展健身休闲产业体供依据，适时地推出健身休闲产品和服务。社会经济在不断发展，社会文明在不断进步，人们想要跟上社会发展的快节奏，必须要辛勤工作，因而绝大部分人为了追求生活质量而拼命工作，很少有时间能够参与健身休闲活动，只能选择在节假日进行健身休闲活动，少数退休老年人和部分热爱健身运动的人在早、晚进行体育健身。健身休闲观念已经很好地融入人们的生活，只要时间允许，大部分消费者积极参与健身休闲活动。经过一周繁忙的工作，双休日是大部分上班族释放压力的主要时间，双休日在健身房健身，或是自己跑步、打球、短途旅行等都是放松减压的方法。国家法定的节日也是大量消费者健身休闲的时机，在节庆期间通过健身休闲来消遣娱乐，特别是张家界传统节庆众多，传统节庆开展的规模及影响非常大，而且体育项目具有浓厚的民族特色，健身休闲的价值大，吸引了大批消费者在节庆期间参与体验。教师和学生健身休闲的时间主要集中在寒暑假，经过一学期的辛苦工作与学习，在一年两次的长假期里，与家人一起外出旅游成了教师、学生健身休闲的主要方式。

时间特征包括消费者每周健身休闲次数及每次健身休闲的时间。每周进行健身休闲活动的次数反映了消费者对健身休闲的需求与喜爱程度，也体现了健身休闲对消费者的吸引和影响。现在社会经济发展的速度越来越快，生活节奏也越来越快，压力不断增加，生活的压力让人们只能将更多的时间和精力放在工作上，没有足够的时间进行健身休闲，这是亚健康产生的主要原因。另外，许多项目需要硬件设施的支持，而大部分地区健身休闲产业的基础设施比较少，免费提供给人们健身休闲的场地器材更少，因此，人们进行健身休闲的热情大大降低，人们想要健身休闲的需求和现实条件相矛盾。

每次健身休闲的时间是判断体育人口的因素之一，判断体育人口的三要素是，第一，每周参与体育锻炼不少于 3 次，第二，每次锻炼的时间不低于 30 分钟，第三，每次锻炼的强度在中等程度以上，三要素缺一不可。

8. 张家界市健身休闲的方式及消费水平

健身休闲方式从侧面体现了消费者的消费行为，根据消费者参与健身休闲的方式，能够为健身休闲产品的开发提供指导意义。消费者不仅是个人参与健身休闲活动，也会和其他人一起享受健身休闲的快乐。受传统文化观念的影响，家人在人们心中永远是第一位的，和家人一起健身休闲既能锻炼身体，又能促进家人之间沟通交流、放松娱乐、家庭和谐。除了家人，朋友、同事也是常伴身边的人，与朋友同事一起健身休闲是缓解工作压力、解决工作问题的有效途径，同时也是维系朋友关系、增进感情的有效方法。

消费水平直接体现消费者的消费能力，分析消费者的消费水平能够为今后健身休闲产业的产品开发及确定消费人群提供精准定位。在选择健身休闲方式上，人们倾向于免费健身休闲活动，但在选择健身休闲服务上，消费者的态度有所改变，消费者也深知"便宜无好货"的道理，在购买健身休闲产品和服务时通常会考虑产品质量、价格等因素，并不是一味追求低价，因此，消费者在追求产品和服务质量的同时，也很注重花费的价格，价格越高，能消费的人越少，通常性价比越高的产品越受欢迎。受消费能力的限制，高水平的消费一般人难以接受，所以，高水平的健身休闲服务消费者最少，而中等水平的消费者最多。

消费者平均每次健身休闲的花费直接反映了消费者自身的经济情况，及消费习惯，消费者平均每次的花费越多越说明其收入越可观。外地消费者在张家界健身休闲的主要活动是休闲旅游，休闲旅游的消费者主要有高校学生、事业单位人员、自由职业者等，这其中大部分消费者的收入水平不高，不足以支付其高水平的消费，而本地消费者对当地健身休闲活动比较熟悉，缺乏兴趣，其花费也不高。现阶段健身休闲产业的发展水平还较低，开发的产品和服务处于低级阶段，大部分产品和服务的价格并不高，这也是消费者参与健身休闲活动花费较少的原因。

9. 消费者对张家界市健身休闲产业发展的满意度

消费者的满意度直接体现了张家界市健身休闲产业发展情况，消费者越满意，说明张家界市健身休闲产业发展的越好。这不仅取决于消费者自身的需求，还与健身休闲产业提供的产品和各项服务相关，消费者的评价指出了健身休闲产业发展的不足与优势，对健身休闲产业取长补短起着非常重要的借鉴作用。收费标准、产品种类及产品竞争力是张家界健身休闲产业开发的主要问题，产品是产业的核心竞争力，产品没有竞争力，难以吸引消费者前来消费，产业不能创收，对产业的发展有着不利影响。随着消费者对健身休闲产品和服务质量的不断提高，企业及开发人员要加大力度，开发符合消费者需求的产品和服务，并将成本控制在一定范围内，降低产品收费标准，提供消费者能消费得起的产品和服务，要充分利用张家界资源，开发体育旅游、休闲旅游、文化旅游、特色运动项目，提供具有较强竞争力的产品和服务。

（六）张家界市健身休闲产业开发成效

开发成效即指产业开发取得的效果，开发成效的体现主要集中于经济效益、社会效益及文化传承三个方面。经济效益方面，通过调查得知，消费者的健身休闲需求日益增长，消费欲望强烈，呈现多样化趋势，消费行为也不再是单纯地参与体育健身活动，而是希望以多种方式来满足自己身心健康的需求。张家界市健身休闲企业抓住了消费者的消费心理及需求，针对不同人群进行开发，不管企业是单一发展模式还是多元化发展模式，都积极开发符合消费者需求的产品和服务，吸引大量消费者，在健身休闲市场上能够取得不错的经济效益，如开发体育旅游类产品和服务、户外运动项目、具有民族特色的传统体育项目等。极少数企业由于企业规模较小，产品和服务质量较差，产需对接不畅，消费人群定位不准，有效供给不足等问题，难以取得理想的盈利效果。社会效益方面，健身休闲企业为消费者提供多种多样的健身休闲产品和服务，满足了消费者锻炼身体、娱乐休闲、放松减压的需求，改善了消费者身体健康状况，提高了整体健康水平，对全民健身、全民健康事业的发展大有裨益。消费者在健身休闲过程中慢慢改变了不良生活习惯，提高了生活质量和生活品位。另外，广大群众积极参与健身休闲活动，对远离黄赌毒"三害"、减少社会伤害事故、维持社会公共秩序、促进社会和谐有着良好的影响。文化传承方面，健身休闲企业开发的传统体育产品和服务，不仅对促进健身休闲供给侧结构性改革、丰富健身休闲产业服务体系有着重要影响，对张家界市优秀传统文化传承也有着积极作用。健身休闲企业对传统体育项目的开发，不仅能够满足消费者多元化的需求，更能给消费者带来不一样的文化体验，特别是外地消费者，张家界市传统体育文化对他们来说是一种新鲜的文化，在他们工作和生活的地方难以感受到这样的民族文化。企业开发传统体育项目，不仅能吸引更多的外地消费者，增加收益，更拓宽了张家界市传统体育文化的受众，丰富了传统体育文化传承的途径，对张家界市传统体育文化的传承和发展有着重要作用。

第三节　影响张家界市传统体育文化传承与健身休闲产业发展的因素

传统体育文化作为张家界市重要的民俗文化活动，包含了很多宝贵的民俗类、传统体育类非物质文化遗产，理应受到各方高度重视，得到更全面的传承和发展。健身休闲产业在国家政策的支持下，正在健康有序地发展，然而健身休闲产业资源开发还处于初级阶段，没有全面挖掘资源。传统体育文化传承及健身休闲产业开发有着明显的互动作用，传统体育文化传承是健身休闲产业开发的资源基础，健身休闲产业拓宽了传统体育文化传承途径，但传统体育文化传承主体和健身休闲产业开发者对两者互动作用认识不够，在传统体育文化传承及健身休闲产业实际开发过程中，推动两者互动的着力点不准确，具体表现在以下几方面。

一、传统体育文化传承政策欠完善，健身休闲产业开发政策不健全

政策扶持能够为传统体育文化传承及健身休闲产业开发提供很大的支持，虽然政府对传统体育文化传承比较重视，也取得了不错的效果，但仍存在不少提高空间。在政策扶持方面，政府出台的相关政策法规较少，仅有传统文化传承、非物质文化遗产保护等方面的政策法规，没有颁布具体的针对传统体育文化传承的

政策，不利于传统体育文化的传承。政府应通过出台相关政策，全面促进张家界市传统体育文化传承，带动社会不同阶层、不同民间组织的参与，为传统体育文化传承提供强有力的支持。所以，政府要重视传统体育文化传承的实质，继续加大对传统体育文化传承政策支持的力度，加快传统体育文化传承政策的制定，有针对性地组织、带动社会各阶层的群众参与传统体育文化传承。

政府在健身休闲产业开发中有着宏观管理、政策导向作用，政府重视与否决定了健身休闲产业的开发成效好坏，影响着当地经济的发展。旅游业是张家界市政府的主要关注对象，健身休闲产业与旅游业相比，政府的重视程度很低。政府针对旅游业制定了一系列的政策法规，反观健身休闲产业，得不到相应的鼓励和扶持政策，特别是在财政拨款、招商引资上更为明显。政府拨款少，且没有向各类投资者进行招商引资，没有充分发挥政府在健身休闲产业开发政策导向作用。因此，政府应加大政策支持力度，为传统体育文化传承及健身休闲产业开发提供强有力的政策支持。

二、传统体育文化传承意识较弱，健身休闲消费市场规模有限

产业的发展离不开市场开发，消费市场又离不开消费者，传统体育文化传承主体是健身休闲产业开发的潜在消费市场，人们传承传统体育文化的意识较弱，是导致健身休闲产业消费市场规模有限的原因之一。传统体育文化的传承离不开广大群众的参与，参与的人越多，人群越广泛，越有益于传统体育文化的传承，也更利于健身休闲产业的发展。随着社会政治、经济、文化的发展，改变了人们原有的生产生活方式、生存环境及社会关系，人们的思想观念和意识已经发生很大的改变，很大一部分人对传统体育文化传承已经失去了热情，很多传统文化面临着消失的危险。

近年来，全民健身事业发展较好，人们健身休闲的意识不断增强，参与健身休闲活动的人越来越多，人们参与健身休闲运动的热情急剧增加。但张家界市城市建设起步晚，基础较差，经济发展水平相对较低，低于省内经济发展的平均水平，是省内经济欠发达的地区，城乡差异较大。经济发展滞后，人们传统体育文

化传承意识较差且健身休闲消费能力低，在一定程度上阻碍了传统体育文化传承及健身休闲产业开发。

三、传统体育文化传承主体断层，健身休闲产业开发缺乏复合型人才

人才是传统体育文化传承的主体，也是健身休闲产业开发中的重要环节，传统体育文化传承及健身休闲产业开发则需要集体育、民族文化、产业开发、市场营销等知识于一身的复合型人才。目前，传统体育文化传承主体主要是非物质文化遗产传承人及当地居民，随着我国改革开放的不断推进，城镇化步伐越来越快，而农村地区资源匮乏，交通闭塞，经济发展缓慢，大量年轻人只能选择去经济发达、机会多、工资水平高的城市务工，这就使留守儿童、空巢老人越来越多，导致了传统体育文化传承主体的流失，最终产生了传统体育文化传承动力不足、传承活动断层的现象，传承活动只能以老人、儿童为主，这也是当地非物质文化遗产传承人老龄化的原因。随着年龄的增加，这些传承人的行动越来越不方便、体力越来越差、动作越来越慢，对于需要体能支撑的传统体育项目，传承活动很难有效地进行。

人才也是健身休闲产业发展的智力基础，没有雄厚的人才支撑，健身休闲产业的发展举步维艰。目前，张家界市传统体育文化传承及健身休闲产业运营、产业管理、市场开发、产品销售等方面的工作人员，大多缺乏传统体育文化方面的了解，而了解传统体育文化知识的传承主体又很难进入健身休闲产业体系，从而造成健身休闲产业复合型人才的缺乏。

四、传统体育文化开发利用较少，健身休闲产业开发创意不够

传统体育文化开发利用也是传承传统体育文化的有效方式，传承途径是否完善决定了传统体育文化传承成效的好坏，张家界市传统体育文化的传承途径主要有家族血缘性传承、收徒拜师性传承、宗教信仰性传承、学校教育传承等。虽然传统体育文化的传承途径较多，每种传承途径都有着各自的特点，且互相联系，

但是还存在着一些问题。

在经济全面发展浪潮中,健身休闲产业健康稳定的发展需要多样化的产业开发模式,要对健身休闲产业进行创意开发,这是健身休闲产业转型升级的必然要求。然而,张家界市健身休闲产业的发展模式虽然呈现多元化,但其创意性还不足,很大一部分是以现代体育健身休闲为主,各种私营健身俱乐部主要通过为会员提供体育健身休闲服务来获得利益。此外,健身休闲产业与旅游业融合发展也是常见的模式之一,其中最有代表性的就是体育休闲旅游。另外,张家界市以体育竞赛表演为依托,举办大型的有影响力的体育竞赛表演活动,推动健身休闲产业发展。但是健身休闲产业的开发并没有充分利用资源,传统体育文化的健身休闲价值没有得到充分利用,传统体育文化传承及健身休闲产业开发的互动性较弱,资源的功能没有实现效益最大化,资源的开发利用还需要科学规划,针对地区优势,形成"一地区一优势"的开发理念,逐步完善传统体育文化传承途径及健身休闲产业开发模式,形成强有力的产业竞争力。总而言之,张家界市没有根据自身情况进行具体问题具体分析,传统体育文化资源的开发利用较少,健身休闲产业开发创意不足,不利于传统体育文化传承及健身休闲产业互动发展。

五、传统体育文化传承吸引力小,健身休闲产业产品特色欠鲜明

随着现代文明的发展,传统文化受到很大的冲击,现在的年轻人过分追求自我个性的发展,传统体育文化传承出现危机。其他时尚的体育项目吸引了人们的关注,如蹦极、高尔夫、网球、瑜伽等时尚体育项目,在当地已经产生了极大的影响,各种培训场所和健身房纷纷建立,各个培训机构和健身场所也凭借着完善的基础设施、科学的健身指导、有效的健身效果、良好的服务水平吸引了大量的健身爱好者。另外,篮球、羽毛球、乒乓球、马拉松、自行车等项目,经常在传统节庆期间开展比赛,也吸引了很多群众参加。人们在节庆余暇时的娱乐方式逐渐发生改变,如看电影、听歌唱歌、打牌、游乐场游玩、网上游戏、养花种草、烧烤、休闲旅游等逐渐取代了传统体育活动。总之,现在人们的休闲娱乐选择呈现多元化,其他娱乐项目的冲击降低了传统体育文化对人们的吸引力。

为了迎合社会发展，满足不同消费者需求，健身休闲产业所开发的产品及服务多以现代娱乐项目为主，产品及服务存在普遍性。现在张家界市健身休闲产业的产品和服务比较单一，缺乏创新，同质化现象严重，对消费者没有足够的吸引力，以在各类健身休闲场所体验体育健身休闲活动、在景区景点观看表演、参与观赏各种体育赛事表演等为主。健身休闲产品开发的深度和广度都不够，没有突出传统体育文化特色，健身休闲产品缺乏竞争力，对消费者缺乏强有力的吸引力。因此，传统体育文化传承及健身休闲产业互动发展，对开发传统体育文化产品和服务，增强健身休闲产品竞争力，促进传统体育文化传承及健身休闲产业共同发展有着重要作用。

六、传统体育文化传承缺乏资金，健身休闲产业开发基础设施薄弱

资金支持是传统体育文化传承的保障，同时也是健身休闲产业开发的必要条件。传统体育文化传承缺乏资金主要体现在活动组织、场地、器材、服装及其他相关基础设施等方面，没有这些基础设施的保障，传统体育活动无从开展，传统体育文化传承则无从谈起。目前，张家界市传统体育活动开展的场所主要集中在景区、公路、广场、学校、专门节庆活动区等地，而专门节庆活动区数量较少，传统体育活动的开展没有良好的场地做保障，大部分表演项目需要临时搭建舞台进行表演，这无疑增加了经费方面的压力，使传统体育文化传承受限。虽然传统体育文化传承的资金来源比较广泛，主要以政府拨款、企业赞助、社会团体赞助等为主，但资金数量并不多，很多时候还需要村民自己筹措经费开展传统体育活动，如此一来，则大大影响了村民正常生活。因此，资金短缺是传统体育文化传承的一大障碍。

基础设施是健身休闲产业的物质条件，近年来，随着城市人口急剧增加和全民健身事业的发展，体育人口的不断增长和群众体育需求的快速增加，场地设施等基础建设短缺的问题还未得到根本解决，场地器材设施短缺和体育人口不断增长之间的矛盾日趋明显。没有场地、器材及相关配套设施的保障，健身休闲活动难以开展，产业发展严重受限，特别是体育场地的数量明显不足，制约了人们的

各种健身休闲活动。

第四节　张家界市传统体育文化传承
与健身休闲产业发展的对策

一、完善传统体育文化传承法律法规，明确传统体育文化产权界定

完善的法律法规不仅能促进传统体育文化传承，明确传统体育文化产权界定，更能规范健身休闲产业的开发行为，正确引导健身休闲产业发展。随着文化与经济发展的联系日益密切，文化的经济价值开发越来越广泛，相关产业得到快速发展，文化传承的途径也逐渐拓展，但在发展过程中还存在很多问题。由于目前还存在文化产权界定不明确的现象，本民族个体或群体难以通过文化产权获得利益，损害了传承主体应有的精神、财产权利，致使传统体育文化传承及健身休闲产业开发受到本民族群体的抵制，影响了传统体育文化传承及健身休闲产业互动发展。究其原因，本民族作为文化产权的所有者，从实际文化产权主体下降为模糊主体，出现了利益矛盾，利益没有得到应有的保障，降低了本民族保护、传承和发展传统体育文化的积极性，最终导致健身休闲产业文化资源开发秩序的混乱。因此，政府要加快制定相关政策法规，完善传统体育文化传承保护规则，赋予传统体育文化传承主体应有的权利，明确传统体育文化产权界定，充分调动传统体育文化传承的积极性，实现传统体育文化传承及发展，从法律法规上切实保证各方的合法利益。

二、加强传统体育文化传承宣传，激活健身休闲产业消费意识

消费意识是群众消费方式、消费行为及消费习惯等生活方式的体现，消费意识与经济发展和消费环境存在一定的联系，可通过政府、企业加强传统体育文化

传承及健身休闲产业开发宣传力度，促进群众传承及消费意识的形成，从而推动传统体育文化传承及健身休闲产业互动发展。现阶段，群众传承传统体育文化的意识及健身休闲的意识不断增强，但受传统的生活形式及消费观念的影响，消费意识还比较落后。

政府应发挥导向作用，加大健身休闲产业宣传的力度，为健身休闲企业提供优惠政策，鼓励更多的企业参与健身休闲产业开发，吸引更多的社会组织及人才投入健身休闲产业创业。提升公共健身服务水平，引导群众健身休闲消费观念，打造更优质的健身休闲物质环境。在健身休闲活动开展频繁的区域加大宣传力度，比如在各大健身休闲场所循环播放宣传片，或以横幅的形式宣传健身休闲产业，逐渐改变群众健身休闲的消费观念，适当开放收费体育场馆，根据锻炼人群的锻炼方式差别执行不同的价格政策，吸引经常参与体育锻炼的人群，逐渐从参与免费健身休闲向收费健身休闲的转变，主动培育健身休闲消费群体。健身休闲企业也要通过积极参与公益性健身休闲活动，免费为群众提供健身休闲服务，在公共场所播放宣传广告，树立良好的企业形象，吸引更多的消费人群。合理利用传统体育资源优势，开发传统体育产品，通过各大电视台、广播、报纸、网络宣传等方式，普及健身休闲的意义及价值，推广特色健身休闲项目，潜移默化的改变群众的锻炼习惯，吸引经济能力较差、消费水平稍低的潜在客户，为企业的发展创造机会。利用各大传统节庆，在节庆时期组织各种大型传统体育竞赛表演和趣味体育比赛，创造良好的传统体育文化传承及健身休闲产业消费的氛围。

三、扩充传统体育文化传承主体，培养健身休闲产业复合型人才

复合型人才是传统体育文化传承及健身休闲产业互动发展的智力支持，目前，张家界市传统体育文化传承及健身休闲产业互动发展的复合型人才严重不足。要明确以传统体育文化传承及健身休闲产业互动发展为目的，全面挖掘人才，完善健身休闲产业复合型人才培养体系，建立有效的人才培养机制，多方面培养和引进健身休闲产业复合人才。组建专业的传统体育文化运营企业，培养专业的健身休闲产业开发人员，科学合理地对传统体育文化资源进行开发。通过输

送传统体育文化传承人到各高校、专业培训机构学习，培育一批既了解当地传统体育文化又具备健身休闲产业开发知识的复合型人才。另外，促进高校课程教学改革，在高校产业经营管理相关专业中加强传统体育课程教学力度，促进学生传统体育文化知识技能形成，开设健身休闲产业开发相关课程，培养健身休闲产业市场开发及管理的复合型人才。培养、吸纳熟悉体育知识、体育产业和文化产业开发、运营的复合型专业人才，通过提高工资待遇广泛吸引社会体育指导员、中小学教师、传统体育骨干加入传统体育文化传承及健身休闲产业开发，在不破坏文化生态环境的前提下合理有效地开发传统体育文化，保护和传承传统体育文化，促进传统体育文化传承及健身休闲产业发展。

四、拓宽传统体育文化传承途径，创新健身休闲产业开发模式

传承途径是传统体育文化传承的保障，是传统体育文化传承及健身休闲产业互动发展的关键，传统体育文化传承及健身休闲产业互动发展不仅完善了传统体育文化传承途径，也创新了健身休闲产业开发模式。传统体育文化是张家界优秀的传统文化，传统体育活动是张家界传统体育文化的重要内容，是人们健身、休闲、娱乐的主要的方式，也是当地人民群众的精神寄托，有着很强的社会影响力。当今社会高度发展，文化交融的情况多有发生，年轻人外出务工，受外来文化及其他娱乐项目的影响，传统体育文化的传承受到较大影响，传承活动出现断层状况。另外，现有非物质文化遗产传承人老化、群众自发保护意识不强、传承途径不完善等影响着传统体育文化的传承。目前，张家界市健身休闲产业开发模式主要以发展现代体育项目为主，开发模式比较传统、单一。传统体育文化是健身休闲产业发展的基础，其民族文化特色和健身休闲价值为健身休闲产业注入了传统体育文化内涵，丰富了健身休闲产业产品及服务体系，对创新健身休闲产业开发模式有着重要意义。针对这些问题，需要重新审视传统体育文化的传承状况，充分认识到传统体育文化传承及健身休闲产业互动发展的价值，推动传统体育文化传承及健身休闲产业互动发展，创新传统体育文化的传承及产业开发模式。

五、突出传统体育文化传承特色，打造健身休闲产业消费品牌

产品是产业核心竞争力，开发多样化的产品、提供高质量的服务，是吸引消费者的最重要因素，也是健身休闲产业持续发展的动力。健身休闲产业的发展已然步入正轨，但产品和服务体系还不完善，缺乏吸引消费者的特色产品。目前，为消费者提供健身休闲场所，为消费者提供健身休闲指导服务，消费者参与各项体育健身活动等是现在常见的产品和服务，这些产品和服务模式单一，同类型健身休闲产品和服务比比皆是，产品特色不明显，并没有较大的竞争优势，消费者没有消费欲望，并且由于从业人员专业水平参差不齐，提供的产品质量和服务水平都有待加强。张家界传统文化内涵丰富，包含了多个少数民族的民族文化，民族风味浓厚，对消费者的吸引力很强。随着社会的发展，单纯的观光型旅游、体育健身休闲已经不能满足大多数游客的需求，产业可持续发展需要另寻出路，转型升级迫在眉睫。要充分利用自然资源和人文资源，突出传统体育文化特色，面向国内外游客，着力开发体验型休闲旅游，开发出更多的新型体验项目，不断丰富产品结构，开发民族特色体育运动项目，在满足游客自然景观旅游观光需要的同时，也满足游客对健身休闲的需要，树立健身休闲产业消费品牌，打造健身休闲产业消费精品。

六、加大资金投入力度，共建共享基础设施建设

传统体育文化传承及健身休闲产业基础设施建设需要资金支持，政府可通过财政拨款、招商引资、引导社会力量修建、捐助基础设施等方面，合理布局基础设施结构，以满足传统体育文化传承及健身休闲产业互动发展的需要。财政拨款是传统体育文化传承的主要经费来源，应充分发挥政府的职能，加强传统体育文化传承资金支持力度。企业是健身休闲产业开发的主体，目前，张家界市健身休闲企业多是小微企业，经济实力相对薄弱，基础设施还不够完善。基础设施建设不仅是健身休闲消费者的物质需求，更是健身休闲产业运营的保障，基础设施建设需要多方面共同发力。政府方面，增加财政拨款，减少税收，缩减建设申请手

续，多方面、全方位地为开发商开发建设基础设施提供优惠措施；广泛吸收海内外投资，加大对健身休闲场所投资力度，对已有基础设施进行定时定期维护和修缮，开发有特色的健身休闲基础设施，不断完善基础设施建设；支持社会力量以实物形式支持相关配套设施的建设。企业通过市场调研，掌握不同消费群体健身休闲需求，针对性地进行基础设施开发建设；充分利用张家界自然资源优势，在各大景区建设户外健身休闲步道及其他健身休闲场所，完善体育旅游相关设施建设，统筹兼顾、跨区域合作，联手周边地区合力打造健身休闲产业带、健身休闲圈；对城市及农村废弃建筑物和荒山加以改造，开发成为群众身边的健身休闲场地设施，方便周边群众健身休闲。

七、建设民族传统体育特色小镇，构建健身休闲产业消费基地

特色小镇指依赖某种特色产业和特色环境因素打造的具有明确的产业定位、旅游特征、文化内涵及社区功能的综合性开发项目，在产业、文化、旅游和社区4大功能上提供更多的商业机会。张家界市独特的自然地理环境及人文资源优势，及人们日渐多样的健身休闲需求，加以国家对推进民族特色小镇、体育小镇建设提供的政策支持，为民族特色体育小镇建设提供了基础。建设民族特色体育小镇准确的把握了传统体育文化，延续了传统体育文化的命脉和精神，为传统体育文化传承提供了广阔的平台，也为健身休闲产业开发提供了完善的基础设施保障，为传统体育文化传承及健身休闲消费提供了集中的场地设施。

通过建设民族传统体育特色小镇，融入传统体育文化内涵，不仅优化了传统体育文化传承及健身休闲产业设施区域分布，还能丰富广大消费者的精神文化生活，满足消费者的不同健身休闲需求，并影响消费者生活方式和习惯，对外地乃至国外健身休闲消费者都有很大的吸引力，能够有效促进张家界市传统体育文化传承及健身休闲产业互动发展。另外，民族特色体育小镇建设对脱贫攻坚、新型城镇化建设、健康中国建设同样有着重要且深远的意义。

参考文献

[1] 曹可强. 体育产业概论 [M]. 上海：复旦大学出版社，2004.

[2] 刘靖南，谢翔. 体育文化与健康教程 [M]. 桂林：广西师范大学出版社，2012.

[3] 孙安民. 文化产业理论与实践 [M]. 北京：北京出版社，2005.

[4] 鲍明晓. 体育产业：新的经济增长点 [M]. 北京：人民体育出版社，2000.

[5] 鲍明晓. 中国体育产业发展报告 [M]. 北京：人民体育出版社，2006.

[6] 吴超林，杨晓生. 体育产业经济学 [M]. 北京：高等教育出版社，2004.

[7] 邬凤. 从市场化运作的角度谈民族传统体育的转型发展 [J]. 体育与科学，2011，32（04）.

[8] 冯红新. 我国体育产业的发展策略 [J]. 体育文化导刊，2015（03）.

[9] 孙银发. 民族传统体育在学校体育中的价值分析 [J]. 教育观察，2017，6（03）.

[10] 刘德宝. 论中国传统体育特征及发展策略 [J]. 科技信息，2010（01）.

[11] 唐栋. 对我国体育文化产业理论的探析 [J]. 体育世界，2011（03）.

[12] 程文娟，程静静. 我国健身休闲产业发展研究 [J]. 山东体育科技，2016，38（06）.

[13] 贝力. 体育健身休闲产业与养老产业融合发展研究 [J]. 文化学刊，2016（04）.

[14] 罗源凯，李美成. 张家界土家族民俗文化中的健身价值探析 [J]. 体育

成人教育学刊，2010，26（03）.

[15] 梁冰. 社会转型期我国民族传统体育的价值转变与发展路径［J］. 广州体育学院学报，2016，36（05）.

[16] 刘波. 广东舞狮的生存境遇与当代城市转换［J］. 北京舞蹈学院学报，2013（04）.

[17] 金刚，雍明. 我国体育产业结构优化的思考［J］. 当代体育科技，2015，5（12）.

[18] 张凤彪，桑云鹏，李元. 全民健身国家战略背景下民族传统体育产业发展研究［J］. 中国学校体育（高等教育），2015，2（10）.

[19] 秦钢. 我国民族传统体育文化资源与产业发展研究［D］. 武汉：武汉理工大学，2012.

[20] 刘盼盼. 中国体育产业结构的演进研究［D］. 北京：北京体育大学，2011.